Le syndrome Hérouxville

ou

les accommodements raisonnables

Bernard Thompson

Le syndrome Hérouxville
ou
les accommodements raisonnables

Momentum

Distribution Prologue inc.
1650, boulevard Lionel-Bertrand,
Boisbriand, Québec
J7H 1N7

Téléphone : (450) 434-0306 1-800-363-2864
Télécopieur : (450) 434-2627 1-800-361-8088

momentum04@prologue.ca

Photo de la couverture : François Gervais, photo prise en 2003 sur le Rang des Pointes, à Hérouxville.

Mise en pages : Luc Jacques, CompoMagny

ISBN 978-2-922787-04-7

Dépôt légal : Troisième trimestre 2007

Bibliothèque et Archives nationales du Québec
Bibliothèque et Archives Canada

Imprimé au Canada

'Le Québec s'est toujours tourné vers sa force rurale pour se nourrir, maintenant il se tourne vers cette force pour s'affirmer'.

(Pierre-Yves Pothier)

Dédicace

Je dédie cet ouvrage au conseiller André Drouin, son épouse Luce, Alain Fournier, et tous ceux et celles qui ont vécu cet événement historique avec tout le courage et la détermination de personnes engagées, prêtes à soutenir les valeurs fondamentales de notre identité québécoise. Nommer tous ceux et celles qui soutiennent cette cause serait impossible. Qu'ils sachent que mon admiration leur est acquise !

TABLE

Chapitre I
  La découverte 13

Chapitre II
  L'implication 21

Chapitre III
  La modernité 25

Chapitre IV
  Les accommodements raisonnables 31

Chapitre V
  Le processus d'Hérouxville 39

Chapitre VI
  De l'insoupçonnable pouvoir des médias 47

Chapitre VII
  L'escalade médiatique 59

Chapitre VIII
  Diodes islamiques 67

Chapitre IX
La Commission Bouchard-Taylor 77

Chapitre X
Des réflexions politiques aux décisions populaires 101

Chapitre XI
Recommandations sous influences 113

Chapitre I

La découverte

En ce début de millénaire, le climat était rigoureux. Les grands froids étaient apparus plus rapidement qu'à l'habitude. Les sapins et épinettes givrées se recouvraient de leur manteau blanc. Les thuyas perdaient de leur éclat et un ciel sombre couvrait le lac gelé, cet océan imaginaire de nos bonheurs estivaux. Quelques cocottes jonchaient le sol, éparpillées ici et là en attente d'une neige plus généreuse. Le souvenir d'un été pluvieux nous revenait en tête. Nous spéculions sur l'emprise des saisons. Nous ne pouvions faire autrement que de nous remémorer ces soirées automnales à observer le ciel étoilé, whisky en main, discutant tantôt des enjeux de la nature, de ses bienfaits et de ses sautes d'humeur. Il allait de soi de reprendre nos nombreux questionnements existentiels. Quelle place nous était réservée dans cet univers en mouvance ? Les catastrophes mondiales étayaient notre discours, appelant à la fois des interrogations palpitantes suivies de réponses sans lendemain. Qu'allions-nous devenir dans cette immensité dont le ciel étoilé nous rendait impuissants à définir ce que nous sommes, êtres vivants, pensants, dominés par des principes, des valeurs et une morale se distanciant parfois de la lucidité.

Nous étions tous de jeunes retraités ayant assumé des rôles diversifiés en entreprise. Nous connaissions donc les principes moteurs et les rouages de la communication, des ventes et du marketing à l'intérieur des multinationales. Nous convenions que les technocrates de ce monde assumaient un rôle dont nous n'acceptions pas les préceptes. Les profits, les mérites et bonus des hauts dirigeants froissaient notre opinion commune à l'effet que le salarié de base était le seul responsable de l'enrichissement de l'élite. Qui plus est, la masse salariale étant responsable d'importantes baisses de revenus, l'entrepreneuriat suggérait des mises à pied massives y incorporant des mesures compensatoires aléatoires. Seuls le rendement et la productivité favorisaient le discours. Qu'importe que les fourmis s'épuisent, le pactole valait bien quelque stress et l'usage d'antidépresseurs.

André n'avait pas suivi le même cheminement que moi. Ingénieur de profession, il était devenu spécialiste dans l'établissement de processus de gestion à l'intérieur d'entreprises multinationales. Voyageant d'un pays à l'autre durant de nombreuses années, il avait convenu de quitter un dernier emploi pourtant très rémunérateur pour finalement installer sa famille dans ce charmant coin de pays qu'est Hérouxville. Cette décision lui était venue après avoir réalisé que ses travaux contribuaient à l'alignement de stratégies opérationnelles nourrissant cette nouvelle religion qu'est la globalisation. Il avait déjà prédit qu'une telle démarche contribuerait à enrichir les actionnaires au détriment des autres citoyens de la planète. Il ne voulait plus apporter quelque contribution qui soit à cette prémisse. Désormais, il accepterait de vivre plus simplement, à l'écart des infernales exigences de travail que lui avait déjà imposé la très puissante Xerox et d'autres entreprises supranationales. Il préférait retrouver le calme de la nature et repositionner ses valeurs. La vie rurale possédant d'indéniables qualités, il pourrait s'en accommoder. Cette consommation outrancière que suggère le mode de vie citadin ne trouverait plus d'écho chez cet homme renouvelé. Amateur de voitures anciennes, il allait partager ses heures entre la mécanique et les réjouissantes sorties hivernales de son Massey-Ferguson '62'.

J'avais pour ma part quitté Bell Canada à l'automne 2004. Dans un souci grandissant de me ressourcer, j'acquis une résidence à Hérouxville. Le lac Castor m'avait séduit par l'écoulement de ses eaux et le bruissement du vent dans ses feuillus. J'avais conservé le souvenir bienfaisant de mes étés de jeunesse au Lac-en-Cœur, à Hervey-Jonction, localité située à quelques kilomètres d'Hérouxville. Je ne croyais plus qu'il me soit possible d'assister au plus beau spectacle que la nature puisse nous offrir, féerie dont la cité nous éloigne. Les grenouilles croassaient, un grand héron bleu survolait le lac dans un mouvement d'aile imperceptible et quelques grillons chantaient allègrement. Je me rappelais alors ce dicton du Béarn, « Là où les grillons chantent, Dieu habite ».

Entre deux actes de contrition, il fallait bien passer le temps et comprendre ce changement radical de vie. Quelle région habitions-nous et qu'en était-il de ses attraits ? La Mauricie est vaste, bordée de forêts et rivières. Elle est orgueilleuse de sa majestueuse Saint-Maurice qui parcourt des centaines de kilomètres à travers des escarpements rocheux. À croire que je rejoignais l'île d'Orléans jusqu'à sa grande escarpe. Il est vrai que la 'langue de chez nous', comme dans cette chanson de Duteil, allait m'inspirer, car toutes ces années passées à Montréal avaient fragilisé l'usage de ma langue maternelle, monde des affaires oblige.

Soudain, vint le partage. Ma rencontre avec Solange Fernet-Gervais, femme d'une remarquable simplicité dont les honneurs n'ont d'égaux que ses nombreuses médailles, témoins de mille et une incursions dans le quotidien des femmes engagées. Chevalier de l'Ordre du Québec, Prix du Gouverneur du Canada, investie de l'Ordre du Canada, Présidente fondatrice de la Société d'Histoire d'Hérouxville, elle me raconte avec passion la vie des Hérouxvillois et Hérouxvilloises à travers cent ans de labeurs et d'abnégation. Nous parcourons alors les sentiers jadis gravis par les fondateurs de cette municipalité de paroisse. Au fil de la lecture de ses textes et recherches, je me sens immédiatement interpellé. Comme si la conquête d'un savoir historique, celui d'un charmant village, allait faire vibrer mes cordes nationalistes. J'allais retrouver dans ses propos une identité que je croyais perdue, tant la vie montréalaise m'avait auparavant convaincu que seuls bitume et béton faisaient foi du progrès. À travers des milliers de photos anciennes minutieusement répertoriées, je retrouvais les repères de mon enfance. Processions de la Fête-Dieu, parades de la Saint-Jean Baptiste, visites pastorales, chantiers de bûcherons, bénédiction des récoltes, le tout parsemé de chevaux, poules, veaux, cochons et couvées. Lafontaine aurait été vivement inspiré. J'avais donc l'impression de retrouver ma coquille. L'œuf pourtant allait éclore. Le non-lieu d'un village anonyme allait connaître un verdict différent.

Que d'heures passées à sasser et ressasser ces souvenirs égarés jusqu'au jour où l'idée germe de construire un site internet faisant état de mes récentes découvertes. Les médias modernes, dont Internet, ayant été exploités majoritairement dans nos métropoles, je prenais conscience que l'atout qu'ils représentent se devait d'être joué, ici, dans ce village que je m'étais approprié. Le monde entier devait maintenant connaître mes nouveaux sentiments à l'égard de la vie paysanne. Je songeais à Pagnol, décrivant sa Provence natale. J'aimais aussi imaginer une conquête de l'intérieur de ma nouvelle forteresse rurale.

Novembre 2005 sonnait le glas des élections municipales. J'avais rencontré le maire à l'été et ce dernier me disait ne pas comprendre toutes ces technologies nouvelles que sont Internet et l'informatique. Le mode binaire lui était tout à fait étranger, comme si la nature l'avait figé dans un mode latent apparenté au gel d'un processeur. Que ne fut ma surprise d'apprendre qu'André souhaitait se présenter à titre de conseiller municipal. Je le voyais déjà anxieusement étaler ses théories dans ce monde parfois ingrat, lui suggérant que la route serait longue pour passer au mode accéléré, la nature humaine demeurant si imprévisible. Mais André avait cette merveilleuse ambition de rappeler à tous que l'engagement est mère de toute progression. Il n'en fallait pas davantage pour que je lui suggère la création d'un site web dont l'objectif serait avant tout d'unir les forces de mes commettants et de promouvoir une vie communautaire enrichissante.

Pendant qu'André retournait en Allemagne, j'osais réunir toute information pertinente afin d'élaborer une esquisse de ce site en devenir. L'histoire et le patrimoine allaient y tenir une part importante pour que je puisse faire revivre une mémoire collective assujettie au tissu social que j'avais observé. Cependant, je gardais en réserve une demande peu commune. Je souhaitais que la municipalité ouvre son administration à ses concitoyens, qu'elle devienne ainsi transparente et porteuse de ce message clair, qu'à l'avenir, les affaires publiques seraient vraiment de notoriété publique. D'ajout en ajout, les procès-verbaux apparaissaient aux lignes de code HTML, le journal local y reproduisait son contenu, un bottin des affaires déroulait sa liste jusque-là inédite, les attraits touristiques parsemaient une page teintée de photographies aux scènes bucoliques, et je ne cessais de vouloir en ajouter, comme si l'infini avait noyé les paramètres de mon logiciel.

Eurent donc lieu les suffrages. André était élu, Martin Périgny, nouveau maire, allait entrer en fonction avec ses six conseillers et conseillères. Cette nouvelle équipe allait promouvoir des intérêts que je partageais sans réserve. Devant ce bonheur passager de la victoire, je ne pouvais que laisser mon imagination fureter au son des cliquetis de mon clavier d'ordinateur. Que de lettres et signes échangés pour aboutir à la conception finale de ce premier site dont je présentais les attraits en début d'année 2006. Le conseil municipal me donnait l'autorisation de publier. Consécration ? Surtout une gêne incontrôlable face aux réactions inconnues des internautes avoisinants qui allaient ausculter, tels des chirurgiens, les propos que j'y tiendrais. Le 8 mars, journée internationale des femmes, Hérouxville apparaissait aux moteurs de recherche du web. J'avais l'impression de porter le béret blanc de madame Gilberte Côté-Mercier, défendant sa nouvelle société. Désormais, ma retraite se résumerait à maintenir les mises à jour d'un site dont l'engouement ne cesserait d'augmenter.

Chapitre II

L'implication

Sans m'en douter, je devenais ce bénévole insoupçonné. Celui qui agit sans même deviner qu'il accomplit une tâche faisant appel à l'ouverture vers l'autre. J'ajoutais à mon contenu des sujets sans réserve. Les activités de la communauté appelaient des mises à jour régulières du site internet et je devais composer avec des événements dont j'apprenais l'existence avant même qu'ils se produisent. Étonnamment, Hérouxville festoyait. Divers organismes offraient des rencontres stimulantes où tous et chacun échangeaient. Bientôt, tel un Raymond Devos, j'eus à jongler avec des soupers spaghetti, soirées casino, épluchettes de blé d'Inde, compétitions équestres, concerts de chorale, symposiums, fêtes de la Saint-Jean, tournois de balle donnée et tutti frutti. Je mesurais alors l'ampleur de ma tâche et constatais que tout ce beau monde bougeait malgré la tranquillité inspirante du silence rural. À présent, la méditation que m'inspirait Bouddha, du haut du rocher surplombant mon habitation, ferait place à la mobilité.

Le paroxysme fut atteint le jour où l'on m'annonça que j'étais choisi bénévole de l'année de la municipalité. Loin de moi cette idée d'être honoré, ayant humblement accompli ce qui devait être accompli. Je savais qu'un certain André, conseiller, était à la base de cette décision. Je ne pouvais lui refuser cet impair. Je savais que les trophées ne sont pas toujours garants d'un combat prolongé, mais j'entrevoyais un long voyage digne du départ d'Ulysse sillonnant les mers à la recherche d'une nouvelle épreuve.

L'épreuve vint donc. À l'été 2006, se préparait une fête peu commune. Ce fut l'occasion d'une autre rencontre, celle qui viendra compléter un cercle que je croyais lunaire, tant j'avais l'impression qu'Hérouxville n'avait pas fini de m'étonner : Angèle Massé, cette petite sœur de l'Assomption, toute menue et fragile. Un regard d'une telle franchise, d'un tel dévouement. Je percevais autour d'elle l'auréole de la bonté et de la douceur qu'on attribue aux grandes âmes. Angèle désirait que je rejoigne le comité chargé de la mise sur pied d'un événement jusqu'ici inconnu pour moi, cette curieuse 'Messe des chasseurs'. Je pourrais croire qu'André eut invoqué quelque saint pour que je rejoigne ce groupe. Comment le thème de la chasse pouvait s'unir au rituel religieux ? J'appréhendais la démarche. Je me disais que la modernité ne pouvait enchâsser les divins signes mystérieux de mon enfance à même l'arme d'un chasseur aux aguets. Pourtant, quelques instants plus tard, cette interrogation avait disparu.

Il s'agissait d'une tradition, celle qu'on ajoute instinctivement à la démarche de l'histoire et du patrimoine d'une nation : bénédiction des chasseurs afin que leurs prises soient généreuses et fête annonçant l'ouverture de la saison de la chasse. Soulagement. Je pouvais maintenant imaginer une fête foraine dont on sent la barbe à papa à cent lieues. Une fête de réjouissances réunissant hommes, femmes et enfants dans un esprit familial et fraternel.

Vivement les réunions du comité. Forces et talents s'entrecroisaient afin de définir les éléments de cette festivité. Le résultat fut tout à fait remarquable. Six cents personnes allaient assister à ce beau tournoi où s'affrontent fusils et foi. Trois cent soixante-quinze personnes allaient savourer un festin de choix, immense méchoui arrosé de l'amour de notre célèbre boucher pour ses animaux désormais immolés.

Les réjouissances passées, Angèle s'assura de mes intérêts pour assumer quelques tâches à l'intérieur du presbytère de la Paroisse Saint-Timothée d'Hérouxville. Ce vieux presbytère dont la construction remonte à 1899 inspirait chez moi un lieu inaccessible habité de souvenirs glorieux et d'une histoire presque secrète tant ses murs avaient entendu de louanges, de prières et de confessions. Je me sentais presque intimidé, comme si le temps suspendait son vol pour que je m'imprègne de l'atmosphère régnante. Le miracle se produisit. Un immense classeur au blindage impressionnant contenait des documents marqués par l'usage du temps. À la lecture de quelques pages vieillies, je constatai que nos bons curés de campagne, tels des Dom Camillo, établissaient des consignes liées au quotidien de ces familles hérouxvilloises. Outre les impressionnants registres dont la reliure rappelle la solennité des faits rapportés, un livre attira mon attention. On y parlait de ce temps où tout bon fermier se devait de remettre le un vingt-sixième de sa récolte au curé. Choux de Siam, patates, carottes et navets fleuriraient la table bien garnie de nos bons prêtres catholiques sans compter les plats copieux que la cuisinière allait mijoter. L'appétit côtoyait la spiritualité : le sermon n'en serait que meilleur. L'histoire était donc au rendez-vous.

Qui plus est, afin de me familiariser avec ces familles, j'allais reproduire via l'informatique la gestion du Cimetière Saint-Timothée. Moi qui croyais que les morts ne pouvaient parler. Que de richesses ! Des noms aux prénoms, des contrats aux monuments, je voyais défiler devant moi tous ces aïeux ayant façonné Hérouxville. Je me croyais au temps de la Rome ou de la Grèce Antique. L'Olympe hérouxvilloise s'ouvrait devant moi : Prima, Hénédine, Adélard, Théotime, Ézilda, Alphée, Achille, Évariste, Aurélien, Fortunat, tous ces prénoms m'inspiraient un patrimoine marqué de l'empreinte du temps. Ces gens religieux, à tous les saints voués, avaient été de tous les sacrifices pour établir le village actuel. Leur identité ne connaissait pas de questionnements. Heureux de vivre leur vie au quotidien, ils assumaient leurs tâches de bûcheron, forgeron, cultivateur, homme de train, monteur de ligne et autres sans se soucier que la modernité, un jour, allait les atteindre.

Chapitre III

La modernité

Hérouxville allait vivre tous les moments d'angoisse liés au progrès. Des chevaux à l'automobile, du sleigh à la motoneige, de la fourche aux machines agricoles, de la bougie à l'électricité, de l'apothicaire aux pharmacies, du prêteur aux institutions bancaires, de l'hôtel aux 'bed and breakfast', du magasin général au centre commercial, du forgeron à la quincaillerie, de l'école à la polyvalente, du médecin de famille aux mégas-hôpitaux, de la radio à la télévision, de la gazette aux journaux internationaux, de la dactylo à l'internet, elle a su s'adapter, comme le Québec, à l'ère de la technologie. Les étales du poissonnier, du boulanger, du laitier et du boucher ne feraient plus qu'un dans ces supermarchés de plus en plus ouverts aux produits exotiques. L'agriculture se mondialisait. Les propriétaires de fermes allaient bientôt crier famine chez la multinationale, leur voisine. Cette dernière n'étant pas prêteuse, les fermetures et faillites des entreprises agricoles allaient se poursuivre.

Les villageois devaient donc assimiler avidement tous ces changements afin de s'adapter rapidement à ce nouveau mode de vie. Les axes de développement se déplaçant, on entraînait la masse ouvrière aux confins de territoires autrefois religieusement réservés et sauvegardés. Les plus jeunes allaient déserter le village au profit des grandes villes. L'éducation faisant l'objet de maintes réformes, la venue des médias et des télécommunications fournissant une source inépuisable de ressources extérieures, l'engouement pour la consommation, le laissez-vivre et le laissez-faire devenaient donc attrayants. Les repères de la vie sociétale, autrefois si bien définis, allaient modifier la quadrature du cercle. La centralisation à outrance de nombreuses activités économiques au profit des métropoles et mégapoles atténuerait les efforts d'Hérouxville pour accélérer sa cadence. La globalisation, heureusement, ne les avait pas encore atteints.

Qu'on ait imploré Saint-Jude, la bonne Sainte-Anne ou le Frère André, la religion catholique, majoritairement pratiquée au Québec jusqu'à la Révolution tranquille, allait connaître sa part de problématiques. La paroisse devenait diocèse et la communauté chrétienne sombrait dans l'utopie, dernier rejeton de politiques ecclésiastiques douteuses. Peu à peu, les catholiques allaient abandonner leurs valeurs chrétiennes en l'absence d'une solution vaticane moderne. L'héritage de ces années s'érigerait en temples déserts, la voûte céleste ne proposant désormais que des étoiles filantes.

La Révolution faisant son œuvre, le politique ajusterait son discours. L'usage d'une langue de bois pour convaincre les électeurs des bonnes intentions de nos politiciens, allait cependant nourrir davantage les quiproquos. Bien qu'elles soient plus souvent qu'autrement ambivalentes, ces effluves politiques vinrent qu'à troubler l'esprit de bien des Québécois. Le libéralisme, l'autonomisme, le nationalisme et la souveraineté rendraient bientôt les électeurs plus confus qu'un être bipolaire à la recherche de son moi conscient. Constat d'autant plus troublant que le nombre d'électeurs allait dramatiquement diminuer. Le taux de natalité chutant, le miracle des berceaux était devenu incompatible avec le mode de vie des géniteurs en présence. Il n'en fallait pas plus pour appeler à l'aide les masses immigrantes.

Venus de tous les horizons, les étrangers empruntaient massivement le chemin du Canada. Ce pays, monarchie du multiculturalisme, laissait entrevoir un accueil digne de l'entrée de Lucky Luke au 'Melting Pot Saloon'. Bien que l'intégration de la vaste majorité, dès les premières années, se fit sans heurts, certains groupes ethniques finirent par se ghettoïser. Aujourd'hui, noyés dans les métropoles parmi les individualistes de ce deuxième millénaire, ils se distancient de plus en plus des citoyens de souche. Ils n'ont pas, comme tout bon voyageur, ce goût de souscrire d'emblée aux bienfaits d'une autre culture et de s'en imprégner. Après six mois d'exil, ils ne partagent déjà plus nos ambitions, nos us et coutumes, nos rêves et nos sentiments, qu'ils soient politiques ou non, trop occupés à orienter leur nouvelle vie afin de lui donner un sens. Le gouvernement du Canada, via le CRTC, les autorise même à détenir des permis de diffusion et ils recréent ainsi leur propre culture d'origine à travers les ondes radiophoniques. Le tout dans leur propre langue. Le CRTC, Patrimoine Canada, le Ministère de l'Immigration, les tenants de la Charte des droits et libertés et du multiculturalisme canadien semblent désormais partager le même lit. Aussi, les directives confuses d'Immigration Canada et d'Immigration Québec rendent plutôt difficile leur intégration à leur nouveau mode de vie. Pire, ces immigrants diplômés effectuent des tâches secondaires ne s'apparentant nullement aux diplômes obtenus dans leur pays d'origine. Pour certains d'entre eux, le chômage ou le soutien de l'aide sociale demeurent la seule avenue possible. L'hôte n'avait pas établi de paramètres d'accueil indiquant de manière précise les droits et obligations du nouvel arrivant, la Charte canadienne des droits et libertés laissant toute latitude à plutôt favoriser le multiculturalisme et l'inter culturalisme au détriment d'une culture et d'une identité nationale. Capitalisme oblige, le but était avant tout d'offrir aux employeurs une main-d'œuvre étrangère immédiate, sans tenir compte de critères bien définis. Cette étrange philosophie eut pour effet d'imposer à tous une politique d'immigration pouvant favoriser l'accueil de plus de 230 000 immigrants par année au Canada. On peut comprendre que l'ONU ait tant vanté aux étrangers les bienfaits de venir s'établir au Canada, ce pays qu'on annonçait 'sans culture', il y a de cela quelques années, et où toutes les religions ont plein droit de cité. Les masses migratoires allaient finalement transformer l'identité d'origine de plusieurs nations, le Canada exportant sa vision au reste du monde. Une évaluation rapide de ces nouvelles politiques mondiales d'immigration amènerait plusieurs constats, dont celui de la problématique d'intégration des immigrants et leur apport culturel et économique à l'enrichissement des sociétés existantes.

Dès 1991, Robert Bourassa indiquait dans un document intitulé 'Au Québec Pour Bâtir Ensemble' (énoncé de politique en matière d'immigration et d'intégration) que « *Dans le cadre constitutionnel actuel, nous ne possédons pas tous les pouvoirs nécessaires pour atteindre seuls les objectifs du présent énoncé. C'est la raison pour laquelle nous cherchons à élargir nos compétences afin d'accroître, non seulement notre capacité d'action, mais également l'efficacité de nos interventions* ».

L'énoncé indiquait également une remarque qu'on aurait pu croire sortir des prétentions d'Hérouxville : « *De plus, étant donné que l'immigration constitue un privilège qu'accorde la société d'accueil, il est légitime qu'elle fasse connaître ses attentes aux immigrants, si possible dès l'amorce du projet migratoire, afin que ceux-ci apprennent graduellement à les partager. De même, la société québécoise doit-elle prendre davantage conscience des obligations que lui impose son propre projet démocratique à l'égard des citoyens de toutes origines qui la composent* ».

Dix-sept ans plus tard, la question de l'identité allait surgir à nouveau et le débat se poursuivre.

Depuis le 11 septembre 2001, la montée fulgurante de l'intégrisme et du terrorisme avait fait réagir les masses critiques. L'immigration allait devenir le principal moteur d'enrichissement de la collectivité canadienne et québécoise. Sans le soupçonner, le multiculturalisme canadien franchissait les frontières du Québec. Plusieurs grands noms du terrorisme international y étaient déjà sous étroite surveillance, ces personnes ayant pu s'établir sans difficulté dans ce nouveau refuge.

La nation québécoise défendant ses droits, une entente entre Ottawa et Québec au sujet de l'immigration fut inévitable. L'intérêt pécuniaire avait supplanté les ferveurs nationalistes. Pour 2007, le Québec allait accueillir plus de 48 000 immigrants sur son territoire. Puisque vingt-deux pour cent d'entre eux, après quelques années, quittent déjà les métropoles à la faveur de Toronto, leur intégration allait dorénavant se faire en région. Pour faciliter l'intégration sur l'ensemble de son territoire, je soupçonne que le ministère de l'Immigration eut l'initiative de suggérer à nos nouveaux arrivants, un guide attrayant qu'on pourrait affubler d'un magnifique titre : '*Partons à la découverte des accommodements raisonnables*'.

Chapitre IV

Les accommodements raisonnables

Aux yeux du villageois que je suis devenu, la modernité citoyenne semblait disproportionnée par opposition aux valeurs bien ancrées du milieu rural. La distorsion s'apparentait à un miroir déformant projetant des images absurdes de la réalité. Certes, les ruraux embrassaient toutes ces technologies et comportements nouveaux, mais avec inquiétude, comme si la Grande Inquisition s'était emparée de leur territoire. Le doute et la suspicion de ce que l'étranger peut apporter dans ses bagages. Qui est-il ? D'où vient-il ? Que fait-il ? Que veut-il ? Assistions-nous au clivage des régions face aux diktats de la métropole et des instances gouvernementales ?

André et moi-même, comme bien d'autres, avions opté pour un retour aux sources. Cette volonté du retour avait appelé une longue réflexion. Depuis plusieurs années, André voyait bien que l'irréparable allait se produire. L'heure des constats avait sonné. Nous étions, nous, Québécois, devenus les individus les plus accommodants de la planète. Le défendeur renonçait à ses droits, l'hôte n'avait qu'à bien se tenir.

À l'origine, l'accommodement n'était qu'une mesure juridique introduite par les tribunaux québécois pour instaurer des compromis lors de requêtes visant à intégrer les minorités visibles, handicapés ou autres, aux rouages et usages de la vie courante. Rien n'avait jusqu'ici suggéré son recours aux fins religieuses ou autres. Au Canada, dès 1982, les lignes directrices en matière de droits et libertés avaient été enchâssées à la Charte Canadienne des Droits et Libertés, afin d'assurer l'équilibre des forces en présence.

Pourtant, vingt ans plus tard, en avril 2002, cette même Charte des Droits et Libertés accordait aux juges de la Cour suprême le privilège de soustraire la masse immigrante de certaines règles et obligations, ce que nous avions cru autrefois irréalisable. L'étonnante autorisation accordée aux sikhs de porter le kirpan dans nos écoles, symbolisait l'épée de Damoclès sur nos têtes. Quelque personne, en quelque lieu, avait décrété que, dorénavant, le respect des croyances religieuses servirait de guide pour faciliter l'intégration des nouveaux arrivants. La rédaction de ce nouveau guide idéologique ne serait confiée qu'aux juges et avocats, faisant fi des politiciens démocratiquement élus.

En 2004, madame Louisah Moullah Bouulah-bel-Fellah succombait à un cancer à l'hôpital Saint-Luc de Montréal et ses enfants la firent inhumer au cimetière musulman du Québec à Laval, ornant sa sépulture d'un monument et d'un aménagement paysager. Ce monument fit l'objet de vandalisme et la pierre tombale se retrouva au fond du cimetière, dans un amas de détritus. Le directeur funéraire du cimetière, monsieur Moustapha Salloui informa la famille en deuil que l'uniformité des sépultures était un règlement visant à effacer les différences entre riches et pauvres. On comprenait que la ségrégation ne s'arrêtait pas là, car la confessionnalité musulmane de la défunte étant chiite, elle avait été inhumée où la majorité des lots étaient dédiés aux sunnites. L'époux, monsieur Zakaria Fellah, eut ces mots, face à ce qu'il qualifie d'intégrisme. « *Ce cimetière est géré par des fanatiques, ils prennent leur loi pour l'amener ici. Mais ce n'est pas au Canada de s'adapter, c'est à eux de s'adapter aux lois canadiennes. Il faut mettre en garde le Canada et les Canadiens sur les dangers de l'islamisme* ».

Le 2 mai 2006, les huttérites, dont la religion interdit tout signe d'imagerie, demandaient l'exemption de leur photographie sur leur permis de conduire. Le juge Delvecchio de la cour de l'Alberta y consentait. Les événements liés aux accommodements raisonnables allaient se multiplier en cette année charnière, propice au tollé général de la population.

Des islamistes, dont le Coran élude toute manifestation de joie excessive, exigeaient de soustraire leurs progénitures à l'apprentissage de la musique. La communauté hassidique issue de la congrégation Yetev Lev n'appréciait pas que leurs enfants puissent voir des dames en « tenue légère » dans la salle d'entraînement du deuxième étage du centre sportif du YMCA d'Outremont. Ils exigèrent donc l'installation de vitres givrées et en assumèrent les frais d'installation.

La chasteté retrouvait son droit d'asile en ces lieux. Au même moment, un combat surréaliste était mené par des camionneurs sikhs dont le travail consiste à livrer de la marchandise au port de Montréal. Ils refusaient de porter le casque de sécurité obligatoire à la descente de leur camion, prétextant que leur turban les empêchait de le porter. Ils désiraient être exclus de ces mesures de sécurité, perçues par eux comme discriminatoires.

Des traditions païennes et chrétiennes, tel l'arbre de Noël, l'étoile de Bethléem ou tout signe ostentatoire, faisaient également l'objet d'une requête pour qu'ils échappent à jamais aux soupçons de certaines minorités. Le crucifix de l'Assemblée nationale forçait les politiciens du Québec à se prononcer sur sa symbolique et le statut de son emplacement au Salon bleu. Les délibérations parlementaires ne devaient plus s'exprimer sous l'œil approbateur de Dieu, celui qui voit tout et entend tout ! La taxation en aurait pris pour son rhume ! Pendant que le Tribunal des droits de la personne abolissait la récitation de la prière aux séances du conseil municipal de la ville de Laval, une salle de prières toute musulmane graduait à l'université Laval, à la demande de l'association des étudiants musulmans de cette même institution. Une telle demande avait déjà été accordée quelques mois auparavant aux étudiants musulmans de l'École de Technologie Supérieure de Montréal. Le *Joyeux Noël*, expression universelle, allait, elle aussi, subir une mutation digne de la rectitude politique, en devenant 'Joyeux Solstice d'Hiver', cette dérision ayant reçu l'imprimatur de 'Patrimoine Canada', triste défenseur de sa propre institution en péril.

Comme la notion d'accommodement s'intégrait dans la société québécoise plus rapidement que l'immigrant lui-même, les demandes les plus diverses se multiplièrent à la Commission des droits de la personne. Le centre de la petite enfance Gros Bec de Montréal, voué à la garde des enfants d'âge préscolaire, modifiait son menu afin de satisfaire un petit musulman qui s'était délecté d'une viande dont l'indispensable sceau d'approbation 'halal' n'avait pas fait l'objet d'une sanction islamique. La garderie était condamnée à verser 4 000 $ à la famille victime de cet affront. Notons que cette garderie est subventionnée par des fonds publics. Plus tard, un ambulancier à l'Hôpital Juif de Montréal subissait les foudres de l'administration pour avoir mangé un simple sandwich au jambon dans la cafétéria de l'établissement. Il fallait *"recasheriser"* le lieu du crime. Miss Peggy, du Muppets Show, ne serait jamais admise en ces lieux !

Mais encore, puisque la nature humaine a cette propension toute naturelle d'exiger l'impossible malgré le dicton prétendant *qu'à l'impossible personne ne soit tenu*, le Hijab, soudainement, se dressait comme défenseur de l'Islam dans une terre qu'on aurait pu croire conquise. Le voile de l'intolérance rappelait subitement aux Québécois ce vocable ayant résonné longtemps dans la mémoire collective du vingtième siècle : le racisme. Soudainement, tous et chacun faisaient un mea culpa digne des plus grandes traditions chrétiennes. Nous assistions aux rogations précédant 'l'ascension', non celle de la vierge de la liturgie romaine, mais plutôt celle d'un appel à l'urgence d'agir.

Autre fait troublant, un policier de la sûreté du Québec ne put procéder à une vérification de routine auprès d'une conductrice ayant enfreint un règlement, du fait que son mari, d'origine musulmane, lui interdisait de s'adresser à un homme. Cette dernière refusant d'abaisser la vitre de sa portière, à la demande du policier, la Sûreté du Québec dut faire appel à une consœur de travail pour émettre la contravention. Ainsi, nos patrouilles policières s'engageaient dans la voie des accommodements. La barrière s'érigeait entre l'égalité des sexes et les droits individuels. Un événement du même genre était survenu dans certains hôpitaux où des musulmanes refusaient d'être prises en charge par des hommes médecins et vice versa. La marmite des accommodements était pleine et les sorciers du dialogue n'osaient plus ajouter les condiments nécessaires à cette sauce médiatique déferlant sur le pays. La consigne allait s'apparenter au silence : taire ces éléments de discorde. Cachez cette plainte que je ne saurais voir !

La demande la plus inattendue et controversée avait déjà été inscrite au tableau des accommodements au cours de l'année 2005. Certains groupes musulmans désiraient instaurer la 'Charia' en Ontario et au Québec. La démesure : l'obligation pour cette grande institution qu'est la justice canadienne de confondre ses lois à celle des tribunaux islamiques. Face au tollé de moult organisations, le refus fut catégorique, mais une trace indélébile paraissait gravée à jamais dans l'itinéraire de l'accommodement. Le discours allait s'imprégner du 'Eux' et du 'Nous' prenant tout son sens dans un sous-entendu de *'Eux, le peuvent'* et *'Nous, ne pouvons plus rien'*.

Chapitre V

Le processus Hérouxville

En cette fin d'année 2006, André assumait toujours ses fonctions à titre de conseiller municipal. Fort de l'apprentissage des choses publiques, il prévoyait présenter un plan de développement étalé sur dix ans, comprenant, entre autres, des besoins en matière d'infrastructures de toutes sortes. Encore fallait-il en examiner les coûts et la nécessité ? Il n'ignorait pas que les plans du gouvernement du Québec étaient de déplacer la masse immigrante en région. Hérouxville pourrait d'ici dix ans accueillir des centaines d'immigrants. Ce devoir et ce désir de les voir s'intégrer harmonieusement à leur nouvelle terre d'accueil poussaient plus loin la réflexion du conseiller Drouin. Aurions-nous à recevoir des demandes d'accommodements de même nature que celles déjà exposées depuis trois mois par les médias ? Nous fallait-il songer à la construction de piscines publiques supplémentaires, de salles de prières, ou tout autre infrastructure dépendante de l'accommodement exigé ? André, pragmatique, homme de processus, allait donc mettre en branle ce que nous convenons d'appeler aujourd'hui 'L'affaire Hérouxville'.

Il souhaitait avant tout s'assurer de l'appui de la population d'Hérouxville en s'acquérant de leur point de vue par le biais d'un sondage. Comme Hérouxville fait partie des municipalités régionales du comté de Mékinac, le sondage devait rejoindre les citoyens des villes avoisinantes afin d'obtenir un meilleur échantillonnage de validation. Ainsi, les dix municipalités de la MRC de Mékinac seraient sondées.

Les questions posées étaient toutes liées aux accommodements raisonnables consentis par la Commission des droits de la personne et certaines institutions. Le territoire de la MRC de Mékinac comptait déjà quarante-deux cas où la politique des accommodements raisonnables avait été soulevée. L'échantillonnage était établi en fonction de règles scientifiques, à raison d'un taux de pénétration de 2,8 %, ce qui constituait une norme plus élevée que celle utilisée par les maisons de sondage. Cent quatre-vingt-seize personnes dont quatre-vingt-dix-huit femmes et autant d'hommes devaient répondre à dix-neuf questions. Les groupes d'âge sondés correspondaient également aux exigences des maisons de sondage. Le questionnaire était ainsi libellé ainsi :

– Croyez-vous que les hommes et les femmes ont la même valeur ?

– Acceptez-vous que les enfants chantent des chants de Noël à l'école ?

– Accepteriez-vous que les enfants portent des armes à l'école ?

- Vous définissez-vous comme étant une personne raciste ?
- Est-ce qu'une femme peut marcher seule dans un endroit public ?
- Accepteriez-vous que l'on vous empêche de faire un arbre de Noël ?
- Croyez-vous qu'une infirmière peut soigner un homme ?
- Croyez-vous qu'un infirmier peut soigner une femme ?
- Accepteriez-vous qu'il devienne illégal de boire de l'alcool ?
- Accepteriez-vous que l'on enlève le droit de vote aux femmes ?
- Accepteriez-vous que l'on vous enlève le droit d'écouter de la musique ?
- Croyez-vous qu'une femme peut enseigner à des garçons ?
- Croyez-vous qu'un homme peut enseigner à des filles ?
- Croyez-vous que l'on devrait réserver des locaux pour prier à l'école ?
- Accepteriez-vous que l'on empêche les hommes d'assister aux cours prénataux ?
- Croyez-vous que les filles peuvent se baigner en même temps que les garçons ?
- Est-ce qu'un policier peut arrêter une femme ?
- Est-ce qu'une policière peut arrêter un homme ?

– Saviez-vous que les Québécois forment une nation ?

Les résultats de ce sondage demeurent impressionnants. Quatre-vingt-dix-huit pour cent des répondants affirmaient sans équivoque qu'ils rejetaient toutes demandes d'accommodements raisonnables, qu'ils n'étaient pas racistes et qu'ils estimaient que le Québec est une nation, prônant l'égalité des hommes et des femmes. Le constat était stupéfiant pour le conseiller Drouin qui avait maintenant toute la légitimité désirée pour agir.

Le conseil municipal d'Hérouxville appuyait son conseiller sans réserve. La MRC de Mékinac allait faire l'objet d'une rencontre de tous ses maires afin qu'André puisse leur présenter les résultats de ce sondage. De manière à soulager ces derniers d'interminables discussions et ainsi éviter l'élaboration de mille et une solutions qui auraient pu être contraires à l'esprit de ce sondage, André leur présenta un texte rédigé en quelques heures qu'il intitula '*Mode de vie*'. Ce document établissait des affirmations claires, liées aux résultats du sondage. Certains maires furent séduits par les idées se dégageant de ces soudaines révélations pendant que d'autres demeurèrent incrédules. Comme l'incrédulité s'apparente indubitablement à une distorsion inconsciente de la perception, l'évidence échappait à plusieurs de ses interlocuteurs. Il semble même que le préfet de comté, président l'assemblée, assistait, impuissant, à la naissance d'un acte qu'il n'avait pas prévu dans ce rôle rassembleur qui lui était pourtant assigné d'office. Il fut donc décidé que chaque municipalité aurait à se prononcer favorablement ou non aux propositions mises de l'avant par Hérouxville.

Le 25 janvier 2007, fort de l'appui de son conseil, le Maire Martin Périgny faisait approuver une résolution proposant l'adoption du document *'Mode de vie'*, tel que rédigé par le conseiller Drouin. Voici cette résolution telle qu'elle apparaît au procès-verbal de la municipalité :

Extrait du livre des délibérations de la municipalité de Hérouxville lors d'une séance extraordinaire tenue le vingt-cinquième (25e) jour du mois de janvier 2007, à 18 h 30 min min à laquelle étaient présents :

Monsieur Martin Périgny	Maire ;
Madame Alice Dionne	Conseillère ;
Monsieur Daniel Magny	Conseiller ;
Madame Ginette Pothier	Conseillère ;
Monsieur Edgar Gervais	Conseiller ;
Monsieur André Drouin	Conseiller ;
Absent : Monsieur Yves Gervais	Conseiller ;

Formant le conseil au complet ( ) ou formant quorum (x), à savoir :

2007-01-17 CONSIDÉRANT les résultats du sondage effectué en décembre 2006 auprès des citoyens et citoyennes de la MRC de Mékinac et après en avoir vérifié la justesse auprès des électeurs et électrices de Hérouxville ;

CONSIDÉRANT QUE le but de cette démarche est de démontrer à nos citoyens et citoyennes que nous sommes à leur écoute d'une part et d'autre part nous tentons de les assurer que la paix sociale qu'ils connaissent saura demeurer ;

CONSIDÉRANT QUE notre objectif est de clairement communiquer aux nouveaux arrivants toute l'information nécessaire pour qu'ils exercent un choix éclairé en décidant d'habiter notre territoire ;

CONSIDÉRANT QUE nous comptons ainsi leur fournir l'assurance que les conditions de vie qui les ont fait fuir leur pays d'origine ne sauront se reproduire ici ;

CONSIDÉRANT QUE nous croyons en la pertinence de notre démarche puisque face aux problèmes vécus dans les grandes villes, les responsables des ministères de l'Immigration encouragent de plus en plus les nouveaux arrivants à s'établir en région ;

Il est proposé par :   Alice Dionne
Appuyé par :   Ginette Pothier

Et il est résolu :

D'adopter les normes mises en place dans la municipalité de Hérouxville informant les nouveaux arrivants désirant habiter notre territoire afin qu'ils puissent exercer un choix éclairé avant leur établissement définitif chez nous.

QUE ces nouveaux arrivants soient informés que le mode de vie qu'ils ont abandonné en quittant leur pays d'origine ne peut se reproduire ici et qu'il exige un mode d'adaptation à leur nouvelle identité sociale.

QUE des demandes écrites seront transmises aux deux ministres de l'Immigration, à Ambassade Canada, au ministre des Relations Internationales, au ministre de la Culture et Communications, au ministre des Affaires municipales et des régions et au ministre de Famille, Aînés et Condition féminine.

QUE copie de cette résolution soit transmise à Madame Julie Boulet, députée de Laviolette et Monsieur Jean-Yves Laforest, député de St-Maurice-Champlain.

– Adoptée –

Copie conforme certifiée
Ce 29 janvier 2007.
Denise Cossette, g.m.a.
Directrice générale et secrétaire-trésorière

Le jour même, la documentation était envoyée à Ambassade Canada ainsi qu'aux ministères, députés et ministres interpellés par cette résolution. La municipalité d'Hérouxville avait le sentiment d'avoir accompli la volonté de ses électeurs. Comme toute bonne nouvelle se doit d'être diffusée, les médias en seraient informés. Personne n'allait se douter de l'impact des médias sur cette épineuse question. La révélation d'un document indiquant à la population *'Ce que nous sommes'* allait prendre l'allure d'une crise d'identité qu'on attribue généralement à des comportements adolescents. Jamais tant de plumes n'allaient virevolter dans la volière journalistique.

Chapitre VI

De l'insoupçonnable pouvoir des médias

Au Canada, la presse écrite jouit de cet avantage remarquable d'être concentrée. L'information qu'elle diffuse s'inscrit dans une démarche linéaire tout à fait exempte de l'objectivité que la concurrence pourrait lui adjoindre.

Le 26 janvier 2007, André me demandait de faire parvenir le document '*Mode de vie*' aux journaux locaux. Aussi, *La Presse*, *Le Nouvelliste*, *Le Devoir* et *le Journal de Montréal* furent avisés de la résolution adoptée par le conseil municipal d'Hérouxville. La première réaction vint de madame Katia Gagnon, de *La Presse*, dès l'après-midi. Cette dernière désirait une interview auprès d'André. Ne pouvant se rendre à Hérouxville avant la semaine suivante, le téléphone allait tenir office de micro. Jusque-là, nous savions que le contact était établi.

Le lendemain, surprise générale. *La Presse* titrait à sa une : « *Il est interdit de lapider les femmes* ». Le texte indiquait « *que les immigrés qui voudraient s'installer à Hérouxville, 1 300 âmes, se le tiennent pour dit : il est interdit de lapider les femmes, de les exciser et de se promener à visage découvert (sic) dans les rues du village* ».

Titre tout à fait accrocheur et texte tout aussi provocateur. Ce même matin, madame Gagnon expliquait à Joël Le Bigot, animateur de l'émission radiophonique *'Samedi et rien d'autres'* de Radio-Canada, qu'elle avait d'abord cru à un canular. Elle avait vérifié l'existence de la municipalité et de son site web ainsi que l'identité des élus d'Hérouxville. Ayant communiqué la veille avec madame Cynthia Lévesque, du *Nouvelliste*, cette dernière lui confirmait avoir discuté avec André et les maires de la MRC de Mékinac à propos des documents que les journaux avaient reçus. Journalisme d'enquête ? La nouvelle devenait l'élément révélateur d'une certaine gêne à dénoncer positivement la position de nos institutions envers ces accommodements. Tout devenait imprévisible !

À notre grand étonnement, la nouvelle courut sur les fils de presse de la *'Canadian Press'*. Cette agence diffuse les nouvelles de la une dans le monde entier. Nous pouvions donc nous imaginer le pire. Étaient-ce les ministères, les ambassades ou un journaliste qui avaient fait parvenir cette nouvelle aux fils de presse ? Nous l'ignorions. Rien n'allait présumer de la suite. La mèche médiatique d'un pseudo pétard mouillé allait être beaucoup plus longue et atteindre la planète entière !

J'avais eu instruction de la municipalité de faire paraître la documentation à leur site web. Ce qui fut fait très rapidement, comme une *première priorité*, digne des paroles mêmes d'un Jean Charest. Après tout, il en allait de notre santé toute rurale !

Les réactions ne se firent point attendre. Le site web subissait d'heure en heure l'assaut de milliers de personnes à la conquête de ce mode de vie inquisiteur. J'y voyais une similitude avec l'arrivée automnale du Beaujolais nouveau. Ce qui amena une manne soudaine et inespérée de centaines de courriels destinés au webmestre du site. Le temps bénévole qui m'était imparti à cette charge allait se multiplier par cent.

Mais que contenaient donc ces documents si controversés ? En voici la publication intégrale, lors de sa première parution au site web de la municipalité :

Municipalité d'Hérouxville
Publication des normes en place

Le développement social et la sécurité du territoire font partie des objectifs majeurs visés par les personnes démocratiquement élues de la MRC Mékinac. Hérouxville faisant partie de cette MRC, nous partageons les mêmes objectifs.

Pour ce faire, nous désirons accueillir sans discrimination dans les années futures toutes les personnes venant de l'extérieur et désirant habiter notre territoire.

Sans discrimination, signifie pour nous, sans égard à la race, la couleur de peau, la langue parlée, l'orientation sexuelle, la religion pratiquée ou toute autre forme de croyance.

Pour que ces futurs participants à notre vie communautaire et sociale puissent s'intégrer plus aisément, nous avons unanimement décidé de publier certaines normes actuellement en vigueur et très bien ancrées dans le mode de vie de nos électeurs et électrices.

Ces normes résultent des lois municipales, provinciales ou fédérales, toutes démocratiquement votées. Elles s'inspirent de nombreux comportements sociaux généralement admis par les personnes occupant le territoire et font ainsi partie des us et coutumes de ses résidants. À la limite, ces normes font partie intégrale de la culture de nos gens.

L'objectif de notre démarche est de démontrer que nous supportons la volonté de nos électeurs et électrices, laquelle volonté est clairement exprimée par les résultats d'un sondage, commandé à cet effet

Notre but est de fournir l'information nécessaire aux nouveaux arrivants désirant habiter notre territoire afin qu'ils puissent exercer un choix éclairé avant leur établissement définitif chez nous.

Nous voulons surtout informer ces nouveaux arrivants que le mode de vie qu'ils ont abandonné en quittant leur pays d'origine ne peut se reproduire ici et qu'il exige un mode d'adaptation à leur nouvelle identité sociale.

Le maire et les 6 conseillers et conseillères d'Hérouxville, démocratiquement élus.

Municipalité d'Hérouxville
Les normes

À propos des femmes

Nous considérons que les hommes et les femmes ont la même valeur. À cet effet, une femme peut, entre autres : conduire une voiture, voter librement, signer des chèques, danser, décider par elle-même, s'exprimer librement, se vêtir comme elle le désire tout en respectant les normes de décence démocratiquement votées et les normes de sécurité publique, déambuler seule dans les endroits publics, étudier, avoir une profession, posséder des biens, disposer de ses biens à sa guise. Cela fait partie de nos normes et mode de vie.

Par conséquent, nous considérons comme hors-norme toute action ou tout geste s'inscrivant à l'encontre de ce prononcé, tel le fait de tuer les femmes par lapidation sur la place publique ou en les faisant brûler vives, les brûler avec de l'acide, les exciser, etc.

À propos des enfants

Nos enfants sont requis de fréquenter les écoles reconnues par le Ministère de l'Éducation du Québec, pour assurer leur développement social et favoriser leur intégration à notre société. Toute forme de violence à l'endroit des enfants est proscrite.

À propos des festivités

Nous écoutons de la musique et nous buvons des boissons alcoolisées dans les lieux publics ou privés, nous dansons, et vers la fin de chaque année civile nous décorons, individuellement ou collectivement, un sapin ou une épinette avec des boules et quelques lumières. C'est ce que nous appelons communément 'décorations de Noël' ou 'arbres de Noël' faisant ici appel à la notion de réjouissances patrimoniales qui ne leur confère pas obligatoirement un caractère religieux. Ces festivités sont autorisées autant dans les lieux publics, écoles ou institutions que les lieux privés.

À propos des soins de santé

Dans les résidences pour personnes âgées, les hommes et les femmes sont pris en charge par des hommes ou des femmes responsables. À savoir, qu'aucune loi démocratiquement votée n'empêche une femme d'être soignée par un homme. Ni l'inverse. De même dans nos hôpitaux et nos CLSC, les femmes médecins peuvent soigner et les hommes et les femmes. Les hommes médecins exercent aussi ce droit. Le même principe simple s'applique aux infirmiers, infirmières, ambulanciers et ambulancières, pompiers et pompières. Les responsables des soins n'ont aucune permission à demander à qui que ce soit pour effectuer une transfusion sanguine si leur jugement et leur savoir en indiquent la nécessité pour la santé ou la survie de leur patient.

Depuis plusieurs années, les futurs pères assistent leurs épouses à l'accouchement. Des cours dits prénataux sont donnés. Les hommes et les femmes y assistent ensemble. Dans les établissements précités, les patients mangent la nourriture traditionnelle qu'on leur offre. Il est fréquent d'y entendre de la musique, d'y voir des revues, magazines ou journaux ou tout autre forme de contenus multimédias conformes à l'esprit communautaire régissant nos normes de vie.

À propos de l'éducation

Dans nos écoles des hommes et des femmes diplômées enseignent. Les femmes et les hommes peuvent enseigner et aux garçons et aux filles sans distinction de sexe. Les enseignants et les enseignantes accomplissent leurs fonctions à visage découvert. Dans nos écoles, les enfants ne doivent porter aucune arme ou semblant d'arme, que ces armes soient chargées ou non, réelles ou fausses, symboliques ou non.

Les enfants peuvent aussi chanter et applaudir et pratiquer des sports ou jouer en groupe. En vertu de l'éthique et de la décence, afin d'éviter toute discrimination, les écoles ayant adopté un code vestimentaire se doivent de le faire respecter.

Depuis plusieurs années, en vertu de la laïcisation de nos écoles, aucun local n'est fourni pour les prières ou toutes formes d'incantations. D'ailleurs, dans plusieurs de nos écoles il n'y a plus aucune prière. On y enseigne de plus en plus la science et de moins en moins la foi.

Dans les établissements scolaires, privés ou publics, généralement à la fin de l'année civile, un arbre ou des décorations de Noël peuvent y être vus. Aussi, les enfants chantent ensemble des chants dits de Noël.

Plusieurs écoles ont une cafétéria pour servir des repas et les gens mangent la nourriture traditionnelle offerte ou peuvent décider de manger ailleurs. De même dans nos écoles, l'histoire nationale du Québec est enseignée. La biologie aussi.

À propos des sports et loisirs

Depuis très longtemps les garçons et les filles pratiquent les mêmes sports et souvent ensemble. Lors de votre arrivée chez nous, vous verrez des garçons et des filles se baigner ensemble dans la même piscine, par exemple. Ne soyez pas surpris car, pour nous, c'est normal. Vous verrez aussi des hommes et des femmes faire du ski sur la même montagne et en même temps. Des hommes et des femmes dans la même équipe de hockey et jouant en même temps sur la même glace. Des hommes et des femmes en ski de fond en même temps et sur les mêmes pistes.

Dans les piscines publiques, nous avons des gardiens et des gardiennes de sécurité. Il est fréquent de voir un gardien en devoir lorsqu'ensemble baigneurs et baigneuses s'amusent. Toutes les lois adoptées pour permettre de tels phénomènes l'ont été en suivant un processus rigoureusement démocratique. Vous saurez apprécier ce nouveau mode de vie, s'il en est ainsi, en partageant nos us et coutumes.

À propos de la sécurité

Notre immense territoire est patrouillé par quelques policiers et policières de la Sûreté du Québec. Depuis toujours, chez nous, un policier peut questionner, aviser, sermonner, signifier une infraction, indépendamment à un homme ou une femme. Remarquer qu'une policière peut faire la même chose. Il est aussi à propos de se montrer à visage découvert, en tout temps, dans les lieux publics pour mieux faciliter notre identification. La seule exemption possible à cette règle se produit à l'Halloween. Pour respecter les lois votées démocratiquement, nous acceptons d'avoir notre photo sur les passeports, carte d'assurance maladie et permis de conduire.

À propos des lieux de travail

Les employeurs sont tenus de respecter les lois gouvernementales régissant les normes du travail. À cet effet, les jours fériés sont connus et acceptés d'avance par les employés. Les conventions de travail sont négociées de façon démocratique et, une fois acceptées, les deux parties les respectent. Aucune convention de travail ne commande actuellement à nos employeurs d'assurer à leurs employés ni des lieux réservés aux prières ni des moments pour le faire durant les heures de travail. Aussi, vous verrez hommes et femmes y travailler côte à côte. Nous portons des chapeaux de sécurité sur les lieux de travail, lorsque requis par la loi.

À propos des commerces

Nos commerces sont régis par une multitude de lois municipales, provinciales et fédérales, lesquelles lois découlent de la démocratie. Dans nos commerces hommes et femmes travaillent ensemble en même temps. Les deux peuvent parler et aux clients et aux clientes.

Les produits vendus par ces commerces sont de toutes natures. Les produits d'alimentation, à titre d'exemple, doivent être approuvés par différentes instances gouvernementales avant d'être offerts au public. Ces produits étant approuvés, le commerçant peut les afficher et les vendre en toute liberté. Vous ne serez donc pas surpris de voir dans un même étal plusieurs sortes de viande, dont le bœuf, le poulet, l'agneau ou le porc.

D'autres commerces offrent à leur clientèle des lieux et de l'équipement pour faire des exercices physiques. Ces lieux offrent généralement une vitrine pour que la clientèle puisse regarder dehors et la clientèle est composée d'hommes et de femmes qui portent les vêtements appropriés pour faire de l'exercice.

À propos des familles

Vous saurez apprécier le fait que les parents gèrent ensemble les besoins de la famille et que les deux ont la même autorité légale, léguée par convention démocratiquement obtenue. Les personnes formant le couple peuvent être de même race ou non, de même pays ou non, de même religion ou non, de même sexe ou non. Si les filles ou les garçons désirent se marier, elles ou ils peuvent le faire et ont l'entière liberté de choisir l'élu ou l'élue. L'application des processus démocratiquement obtenus assure l'égalité de nos personnes.

Dans nos familles les garçons et les filles mangent ensemble, à la même table, la même nourriture. Ils peuvent manger toutes sortes de viandes, fruits et légumes. Ils n'ont pas à manger exclusivement de la viande ou exclusivement des légumes. Et ils peuvent manger des deux en tout temps de l'année.

Si les enfants mangent de la viande de bœuf, à titre d'exemple, ils ne chercheront pas à savoir la provenance du bœuf, qui l'a tué, à quel endroit, de quelle façon ou quel jour.

Dans nos familles, ce qui est ingurgité par la bouche sert exclusivement à nourrir le corps. L'âme se nourrit autrement.

Autres

Vous saurez voir encore quelques croix du chemin témoignant de notre passé. Elles sont partie intégrante de notre histoire et de notre patrimoine et doivent être considérées comme telles.

Publier toutes les normes régissant notre mode de vie serait un exercice fastidieux. Les normes ci-haut publiées se veulent un échantillon pour que les nouveaux arrivants puissent clairement nous identifier avant d'exécuter leur choix d'habiter avec nous, notre territoire.

La certitude nous habite, comme personnes élues et élus, que nous saurons donner à ces nouveaux arrivants l'assurance que les conditions de vie qu'ils ont fuies dans leur pays ne sauront se reproduire ici. Et conséquemment, la tranquillité d'esprit et la paix sociale que nous vivons présentement, sauront demeurer.

Il doit, de plus, être clairement établi que toute personne, tout groupe de quelque nature, légalement constitué ou non, qui voudrait modifier nos us et coutumes ou notre mode vie en général ne peut le faire qu'en utilisant un processus référendaire adéquat et répondant aux normes des lois des référendums régissant les municipalités et villes. La tenue de tels référendums ne peut être qu'aux seuls frais du ou des demandeurs.

Signé solidairement et conjointement par le maire et les 6 conseillers et conseillères d'Hérouxville, démocratiquement élus.

Chapitre VII

L'escalade médiatique

Je ne saurais évaluer avec précision le nombre d'appels téléphoniques qu'André et son épouse, Luce, allaient recevoir en ce lundi, 29 janvier 2007. Non seulement l'appareil téléphonique de la résidence familiale ressemblait davantage au téléphone rouge de la Maison Blanche, mais l'ajout d'un deuxième lien de communication s'avéra nécessaire. J'avais moi-même de la difficulté à rejoindre André, n'entendant qu'un bip d'occupation ou qu'un message préenregistré indiquant une absence que je savais temporaire. Pendant ce temps, mon ordinateur accueillait des propos dont l'origine des messagers ne cessait de me surprendre. Je ne pouvais reconduire ces nombreux messages sympathiques à la municipalité, car trop nombreux. La décision fut donc prise d'aller à la rencontre d'André. Arrivé sur les lieux, j'aperçus Luce, deux récepteurs téléphoniques à la main, répondant aux demandes d'interviews. Son état s'apparentait à une pieuvre aux tentacules géants s'étendant à tous les aspects de cette nouvelle vie sociale. De plus, des cars de reportage entraient en gare, tels des locomotives à l'assaut du rail. Les réseaux de télévision reprogrammaient la nouvelle. Les clips vidéo allaient envahir les écrans aux grandes heures d'écoute dans tout le Québec. Le mode de vie d'Hérouxville obtenait ses lettres de noblesse. Une semaine plus tard, la réaction politique de Jean Charest, premier ministre, se ferait entendre de Paris lorsqu'il avoua aux journalistes français : « *Je pense que la situation à Hérouxville est un cas isolé et demeurera un cas isolé* ».

En réponse à un journaliste anglophone, il ajoutait : « *Je ne vois pas comment la situation à Hérouxville pourrait avoir quelque répercussion que ce soit et je ne pense pas que d'autres municipalités vont l'imiter* ».

Après quelques jours d'entrevues, qu'elles soient radiophoniques, télévisuelles ou journalistiques, André devait combattre une sévère pneumonie. L'harmonie des propos allait se conjuguer à une aphonie générale. Luce, inquiète, s'assura donc de mon soutien et de celui d'Alain, afin d'écarter André de cet ouragan médiatique sans nom. Alain prendrait donc les commandes des communications pendant que je peaufinerais les paramètres du site web. Comme André a toujours eu cet instinct presque militaire de répondre de ses engagements envers sa communauté, il poursuivit donc, malgré tout, ses interventions.

Les propos tenus par monsieur Jean Charest avaient accéléré la cadence médiatique. Nous avions reçu près de vingt mille visiteurs uniques sur notre site web après une dizaine de jours seulement.

Des milliers de courriels fusaient de partout tels le Canada, les USA, l'Angleterre, la France, la Russie, l'Australie, le Danemark, la Nouvelle-Zélande, la Suisse et autres. La BBC de Londres, l'Agence France Presse, l'Agence Reuter et tous les correspondants à l'étranger faisaient front commun pour reproduire cette nouvelle réalité québécoise. Les journalistes du monde entier s'entassaient aux portes pour tenter d'obtenir des réponses à des interrogations de toute nature. La ministre de l'Immigration du Québec, Lise Thériault déclarait pour sa part que « *Hérouxville ternissait l'image du Québec à l'étranger* ».

Comme les événements ont parfois le don de se multiplier au mauvais moment, les journaux nous apprenaient que la SAAQ (Société d'assurance automobile du Québec) avait accordé un accommodement à la communauté juive hassidique, afin que les évaluatrices de la société d'État cèdent leur place à des collègues masculins pour faire passer les examens de conduite. La responsable des communications à la SAAQ, madame Audrey Chaput, prétendait qu'il ne s'agissait pas d'un accommodement, mais plutôt d'un service offert à sa clientèle. Comme si la controverse n'était pas assez alimentée, le Syndicat de la fonction publique du Québec (SFPQ) informait les journalistes qu'un accommodement de même nature avait été consenti aux femmes musulmanes, exigeant la présence d'une évaluatrice. Le président du Congrès juif canadien précisait qu'il faut « *tolérer* » cette pratique « *en autant que ce n'est pas dérangeant pour la majorité* » et dans la mesure « *où la partie qui donne l'accommodement dise que ça ne dépasse pas ce qu'elle juge acceptable ».*

À la télévision, le vice-président de ce Congrès juif canadien indiquait à l'animatrice Dominique Poirier, de Radio-Canada, que « *si la femme cède sa place à un homme pour l'examen, cela lui donne l'occasion de prendre vingt minutes pour se reposer* ».

Je n'oserais me prononcer à propos de la force de cet argument. Madame Yasmina Chouakri, responsable du comité des communautés culturelles à la FFQ (Fédération des femmes du Québec), s'interrogeait : « *Cette institution devrait réfléchir sur les impacts d'un arrangement comme celui-là sur les valeurs fondamentales du Québec. Non mais, comment fait-elle pour accepter une telle chose ?* ».

L'incident se rendit jusqu'aux oreilles de la ministre de l'immigration, madame Lise Thériault, qui demeura évasive se défendant de « *dicter quoi faire à la société d'État* ».

Quelques jours plus tard, elle ajoutait que « *toutes les sociétés d'État et tous les ministères doivent lancer une réflexion sur les accommodements consentis aux minorités culturelles* ».

Il était dorénavant possible pour elle que des questions demandent des réponses et que l'égalité des sexes ne puisse être remise en question.

Pendant ce temps, les maires de six municipalités avoisinant Hérouxville, votaient à leurs séances du conseil respectives, des résolutions demandant une modification à la Charte Canadienne des Droits et Libertés, appuyant ainsi la démarche du conseiller Drouin. La table était mise, Hérouxville ne serait pas un 'cas isolé'. Seuls le préfet et deux maires de la MRC Mékinac dont font partie ces mairies, refusaient de reconnaître la légitimité du geste d'Hérouxville. Le préfet Veillette demandait même à notre maire, Martin Périgny, de « *se contenter de faire son travail* ». De plus, ce préfet au regard louvoyant, à la parole éloquente et l'ouïe furtive, suggérait de construire une route détournant les voyageurs de la municipalité d'Hérouxville. D'un cas isolé, nous passions virtuellement à l'isolement géographique. Mal lui en pris de maintenir une telle attitude, car une institution d'enseignement de Montréal refusait à l'avenir d'effectuer un échange scolaire avec l'école de sa municipalité, Sainte-Thècle, pour motifs de racisme et xénophobie, vu sa proximité d'Hérouxville. Le préfet préféré allait donc préférer confier ses secrètes préférences au silence de sa mairie.

Comme les médias poursuivaient toujours le conseiller Drouin, Luce reçut une demande de l'équipe de Guy A. Lepage pour qu'André participe à l'émission *'Tout le monde en parle'*. C'est avec beaucoup d'hésitation que Luce accepta de livrer Hérouxville au noble bourreau. Tous recommandaient à André d'ignorer l'invitation. C'était suffisant pour qu'il accepte, voulant tout d'abord être entendu par la population du Québec.

Nous quittions donc Hérouxville le 1er février pour retrouver ce bonheur qu'ont les Montréalais de circuler péniblement dans les bouchons de circulation, l'intense smog couvrant tous leurs horizons. Nous devions passer l'après-midi en salle à attendre le signal du producteur. Nous n'avions aucune idée de la teneur des propos qui seraient échangés à l'émission. Nous constations que monsieur Lepage et son équipe avaient indéniablement assiégé le célèbre Studio 42 de Radio-Canada. Le garde du corps attitré à notre suite devait détendre l'atmosphère, s'assurant que nous ne manquions de rien. Vint donc la minute fatidique. André entrait en ondes. Nous nous étions installés dans la salle de visionnement adjacente au studio d'enregistrement.

Chaque parole devenait importante à nos yeux. Le 'fou du roi', Dany Turcotte, ne semblait pas très détendu, mais prêt à intervenir à toutes occasions. Nous sentions tout de même que sa fibre paysanne avait été interpellée par Hérouxville. Nous anticipions d'avance que ses répliques soient teintées d'une certaine condescendance. Ce qui s'avéra. Ce genre d'émissions demeurant une honnête tentative de 'divertir' avant tout, nous pouvions donc percevoir quelque hilarité chez ceux présents au visionnement. Le milieu rural affrontait les Montréalais dominateurs. Malgré tout, nous étions heureux de la performance d'André, surtout qu'allaient suivre messieurs Proulx et Bruckner qui, bien malgré eux, allaient sanctionner par leur propos la démarche d'Hérouxville. Nous pouvions maintenant attendre anxieusement le montage de cette émission dont la diffusion était prévue le dimanche suivant. Les normes de vie d'Hérouxville feraient encore la une, nous en étions assurés.

Le lendemain, l'événement-choc allait se produire : le Conseil Musulman de Montréal menaçait ouvertement Hérouxville d'une poursuite à la Commission des droits de la personne. Ce conseil des musulmans reprochait à Hérouxville son manque d'ouverture et de dialogue. Le cheval de Troie entrerait bientôt dans Hérouxville déjà assiégée de journalistes, télévisions et reporters de tout acabit.

Un événement déplorable s'était produit en ce matin du 8 février 2007. En effet, l'enseigne d'accueil, l'édifice municipal et la caisse populaire d'Hérouxville avaient été visités par des graffiteurs y inscrivant différents messages. « *Pour du racisme prolongé, Hérouxville accueille les fachos* », pouvait-on lire à l'entrée du village.

La devanture de l'édifice municipal montrait l'inscription « *Honte ! La culture du rejet = le Québec* ».

Le bâtiment de la caisse populaire avait aussi fait les frais d'une éloquente invective. On pouvait y lire : « *Ville de mépris* ».

Le panneau d'arrêt obligatoire situé tout à côté de l'édifice municipal était affublé d'une croix gammée. La revendication de cet acte malheureux était attribuée à un groupe d'individus se présentant comme le 'Collectif pour l'intégration respectueuse des cultures au Québec'. Dans un communiqué transmis aux médias, ce regroupement affirmait : « *Nous n'acceptons pas le discours d'Hérouxville relevant davantage du repli identitaire, de l'exclusion des différences et de la négation de l'autre que d'un désir sincère de clarifier notre belle culture aux nouveaux arrivants. Nous ne pouvons accepter de tolérer les normes de vies remplies de préjugés, de stéréotypes, de discriminations et pourvues de jugements de valeur erronés à l'égard des autres cultures et des nouveaux arrivants* ».

Le communiqué se terminait par une demande d'excuses *"pour les milliers d'individus victimes, de près ou de loin, de vos récentes déclarations* ».

La municipalité laissait savoir aux médias qu'ici, à Hérouxville, « On n'est pas nerveux » et remettait le dossier aux autorités policières. Bien que les patrouilleurs de la Sûreté du Québec aient été quelque peu sur les dents, je dois convenir que leur travail fut impeccable afin de protéger l'identité hérouxvilloise. En fait, les nombreuses antennes de télévision émouvaient davantage les villageois que les rumeurs policières ou certains graffiteurs en mal de sensations.

Le point culminant de cette semaine émotive fut donc l'acceptation par le conseiller Drouin d'accueillir huit femmes musulmanes à la demande du Conseil Musulman de Montréal. Les médias alertés applaudissaient déjà les efforts de rapprochement des deux parties en présence. Or, le déroulement de l'événement fut rapporté de manière fort différente par les médias. Ils avaient opté pour la réconciliation virtuelle de deux entités distinctes où accolades et paroles cordiales faisaient la une de leur tribune. Que s'était-il passé réellement ? Voici le récit de cette aventure.

Chapitre VIII

Diodes islamiques

Ce dimanche, 11 février 2007, nous pouvions sentir toute la fébrilité dans l'air à l'approche de cette rencontre. La matinée était belle, le soleil et les bonnes intentions semblaient être au rendez-vous. Hérouxville allait être témoin d'un fait historique, une délégation de huit femmes musulmanes et trois accompagnateurs de l'Association des Jeunes Libanais musulmans rendaient visite à sa population. Le village était davantage habitué aux processions de cortèges funèbres, plutôt qu'à l'arrivée d'une escorte musulmane. Les citoyens s'étaient entassés dans la salle de l'Âge d'Or de la municipalité, en attente des déléguées du Congrès Islamique Canadien.

Le départ de Montréal de huit musulmanes à destination d'Hérouxville constituait un événement majeur pour la presse écrite. Déjà, avant même leur arrivée, le jeune poète libanais accompagnateur, Haydar Moussa affirmait : « *Ça va être une grande journée. On va briser les tabous et on va pouvoir passer à autre chose* ». (*La Presse*, 12 février 2007).

De son côté, une jeune dame, Mouna Diab proposait : « *Ces gens ont l'air chaleureux, mais ils manquent d'information. C'est pour ça que nous allons les voir. J'avoue que le code de vie m'a blessée. J'ai décidé d'aller à Hérouxville pour parler de notre réalité aux citoyens. Je ne crois pas que nous parviendrons à leur faire changer d'idée complètement à notre sujet. Mais on va au moins les faire réfléchir. Et ça, c'est déjà bon !* » (*La Presse*, 12 février 2007).

Nous pouvions donc tous nous attendre à recevoir l'enseignement nécessaire à la compréhension de la réalité musulmane, comme si nos interlocutrices croyaient que les antennes paraboliques d'Hérouxville ne captent que des faits divers. La parabole allait bientôt suivre.

S'étant égarées en chemin, les mandataires musulmanes franchissaient une heure plus tard que prévu le croisement de la route 153 et du rang Saint-Pierre, du nom de celui qui fonda l'Église catholique il y a plus de deux mille ans. Signe des temps, peut-être allions-nous modifier la toponymie de ce rang pour le renommer 'La voie d'Allah'.

Leur arrivée à la cour extérieure, adjacente à la salle de l'Âge d'Or, fut l'occasion pour une meute impressionnante de journalistes et cameramen d'encercler madame Najat Boughaba, présidente de la délégation. Elle était descendue de voiture en brandissant le drapeau du Québec, probablement pour nous indiquer son attachement à sa terre d'accueil.

Nous nous serions crus un 24 juin ! Elle lança aussitôt « *Nous sommes ici pour lutter contre les démons qui tentent de semer la zizanie entre les Québécois !* ».

Luce, l'épouse du conseiller Drouin, s'approcha de madame Boughaba et usant d'un protocole digne des grandes rencontres, répliqua : « *Bienvenue. C'est le début d'une grande amitié. Hérouxville est une terre d'accueil* ». « *Entre femmes, quand on dialogue, il y a bien des plaintes qui peuvent être évitées* » d'ajouter madame Boughaba.

André, à l'écart de la foule, y allait de sa nième entrevue, en direct, avec la BBC de Londres. Suivaient d'autres correspondants en mal de l'interview du siècle, comme s'ils étaient à la conquête d'un Pulitzer. CBC, TVA, LCN, TQS, RDI, CTV, toutes les stations de télévision hissaient leur antenne à la recherche d'une parole égarée. Hérouxville était transformée. Suite à ce tumulte médiatique extérieur tout à fait indescriptible où micros et caméras virevoltent dans une pluie d'éclairs au-dessus des têtes, les visiteurs entraient finalement tous à la salle des délibérations. L'âge d'or du monologue allait atteindre son apogée.

Le maire, monsieur Périgny prit la parole pour souhaiter la bienvenue à la délégation : « *On les accueille avec joie, nous aurons un bon dialogue* ».

Madame Laurette Duchemin, présidente de l'Âge d'Or, 85 ans, de retour d'un voyage en Amérique centrale, poursuivit aussi brièvement. Lorsqu'une personne prétend ouvrir une discussion, elle évite de longs palabres afin de tendre rapidement l'oreille à son interlocuteur. Or, à mon grand étonnement, le temps venu, madame Boughaba et sa suite exposèrent, d'une voix sûre, l'une après l'autre, leur point de vue sur la situation de la femme musulmane au Québec, mais insistèrent très longuement sur la très grande et noble éducation qu'elles avaient reçue. Elles souhaitaient informer l'assemblée qu'elles n'étaient pas ignorantes et les éloges universitaires dominaient le discours. Elles étalaient avec une conviction peu commune, tous les diplômes qu'elles avaient obtenus. Je croyais assister à une remise de diplômes universitaires. Les maîtrises et doctorats tapissaient leur discours d'une manière presque provocante, tant le ton était révélateur. Elles déclamaient avec conviction des phrases types que nous avions déjà entendues : « *Regardez comme notre apport à la société québécoise est important ; Nos grand-mères n'ont jamais été lapidées, nos ancêtres non plus ! ; Le port du voile n'est pas un accommodement ; Nous voulons servir le Québec, accommodons-nous les uns des autres* ».

Je croyais avoir injustement entendu « *Aimons-nous les uns les autres* ».

Le fil de l'accommodement me ramena à la réalité. Je constatais que la connaissance n'accorde pas nécessairement le jugement et le discernement parfois indispensables à l'appel du dialogue. D'ailleurs, une dame, à mes côtés, semblant tout à fait révoltée, ne put s'empêcher de me dire, « *Non, mais c'est quoi ça ? Nous autres, je suppose qu'on est toutes des ignorantes et des moins que rien ?* ».

Je comprenais que certaines Hérouxvilloises soient choquées et se sentent humiliées. Je me rappelais soudainement les paroles de madame Boughaba à son arrivée : « *... chasser les démons qui sèment la zizanie...* ».

Comme un leitmotiv, cette phrase me hantait pendant que les discours élogieux à l'égard de la vie musulmane dominaient les brouhahas de la salle. Seule une jeune musulmane, Leila Farhat admit qu'il y avait eu certains excès dans les demandes d'accommodements, citant quelques exemples qu'elle jugeait elle-même démesurés. La jeune Libanaise Elsie Freiche, confiait à monsieur Yves Bellemare qui l'interrogeait calmement : « *Je me sens tellement intimidée !* ».

À l'autre bout de la salle, madame Louise Trudel demandait à Samina Laouni : « *Pourquoi voulez-vous nous interdire de manger du porc ? Les Québécois, on mange du porc !* ».

Madame Laouni de répliquer : « *Mais on ne vous interdit pas de manger du porc. On ne veut juste pas être obligés d'en manger* ».

Un Montréalais, refusant de décliner son identité, prit la parole afin de dénoncer l'audace des invitées de se présenter voilées à Hérouxville. André s'avança pour l'écarter aussitôt du micro et l'individu était expulsé des lieux.

Plusieurs personnes s'étaient déplacées afin de signaler leur appui aux Hérouxvillois. La présence du Dr Clifford Blais, médecin généraliste, de madame

Thérèse-Isabelle Saulnier, philosophe, de monsieur Lucien Mongrain, maire de Trois-Rives et de monsieur Claude Dumont, maire de St-Roch-de-Mékinac fut signalée à la meute journalistique qui ne désirait plus déserter la salle. Malgré tout, madame Boughaba sommait avec invective les représentants des médias de quitter la salle afin d'accorder plus d'intimité aux citoyens présents. Pendant que les discussions allaient bon train, de jeunes accompagnateurs libanais entrèrent avec des dizaines de boîtes blanches contenant les cadeaux d'usage. La distribution se fit dans le plus grand désordre, alors que les protocolaires ajoutaient au discours afin de tenter de présenter divers produits d'artisanat typiques de leur pays d'origine. Des tapis de prière aux socles de bois pouvant accueillir le livre sacré du 'Coran', les assiettes richement ornées et les pots colorés faisaient l'admiration de la foule, heureuse de faire l'objet de tant de générosité. Madame Solange Fernet-Gervais, de la Société d'Histoire d'Hérouxville remettait aux déléguées, au nom de la municipalité, une copie de son livre intitulé '*De Fil en Famille, 100 ans d'histoire d'Hérouxville*' relatant les exploits, us et coutumes de nos aïeux. Une épinglette représentant les armoiries d'Hérouxville leur avait été préalablement remise. Les correspondants allaient maintenant quitter la salle.

Un peu à l'écart, madame Boughaba priait discrètement, ayant demandé à André la direction de l'Est. Au même moment, un jeune Libanais récitait à voix haute un extrait du Coran, appelant la foule à comprendre ce texte sacré que j'ai cru être un extrait des sourates. Il était appuyé dans sa démarche de plusieurs collègues musulmans. Certaines personnes qualifiaient ces versets d'étranges incantations. La langue arabe répandait un écho jusqu'ici inconnu aux oreilles de l'assistance. Pour certains, leur étonnement n'avait d'égal que leur silence incrédule.

Des assiettes de baklavas, dressées par les invitées sur les tables, faisaient l'admiration du conseiller Drouin, les appréciant goulûment.

André s'entretenait discrètement avec madame Boughaba au sujet d'un poème qu'elle avait accepté de publier au journal 'Sada Al Mashrek' (L'écho du Levant) dont elle est la rédactrice en chef. Le jeune poète Haydar Moussa avait affirmé, lors de son départ de Montréal, rappelons-le, que « *Ça va être une grande journée. On va briser les tabous et on va pouvoir passer à autre chose* ».

Voilà donc 'l'autre chose' qu'il pensait nous avoir cachée, un poème fort controversé qui allait le placer dans le plus grand des embarras les jours suivants :

Lettre à toi

À qui de droit
Ou à la personne
Qui se sent visé

Qui t'a demandé de t'exprimer
Qui t'a donné le droit de parole
Pour japper comme les chiens des rues

Pour enfin insulter
Juger et dire des choses
Insensées et maudites
Ce n'est pas la liberté d'expression

Alors cesse de parler de liberté
Si tu ignores ses significations
Cesse de parler de démocratie
Si tu te comportes comme un tyran
Cesse de parler de dignité
Si tes paroles sont irrespectueuses

Mon voile n'est pas un mouchoir
C'est ma peau
Ma pudeur Ma dignité Mon respect
Et si toi immigrante de souche
Tu n'as ni foi ni loi
Et tu as passé ta jeunesse soûle
D'un mâle à un autre
Ce n'est pas mon cas

(Haydar Moussa – Tiré du journal '*Sada-el-Mashrek*' édition du 23 janvier 2007).

Il n'en fallait pas davantage pour que madame Boughaba soit immédiatement informée par André que jamais il n'allait céder et demander le retrait du document '*Mode de vie*' adopté par le conseil municipal. Tout au plus, il consentirait à réviser quelques lignes afin de soustraire de son texte quelques phrases jugées maladroites par l'élite intellectuelle québécoise. André lui dit : « *Vous ne pouvez pas me demander de nier mon existence* ». Il n'en fallait pas plus pour penser que madame Boughaba avait compris qu'on ne doit jamais tuer le messager.

André lui dit donc, avant de la quitter, « *Je suis très content que ces femmes soient ici. Je ne suis pas raciste. Même que je les trouve belles avec leur voile. Je vais en acheter un à ma femme* ».

Claude Veillet, récent citoyen d'Hérouxville ajouta « *Je trouve que leur voile, c'est sobre et beau. Elles ressemblent à nos anciennes religieuses ! Elles sont vraiment très belles. Ça tombe bien, je suis célibataire et j'ai de l'argent. Je pourrais peut-être en marier une...* ».

Le tout se termina dans la confusion, tous et chacun tirant profit d'un chapitre de l'histoire d'Hérouxville à tout jamais gravé dans la mémoire collective. La délégation prenait alors la route de Sainte-Thècle, où, la semaine précédente, une enseignante de Montréal refusait un échange scolaire entre son école et celle de Sainte-Thècle, sous prétexte que cette municipalité se situait trop près d'Hérouxville.

Le lendemain, madame Boughaba était interviewée à LCN à propos de l'écrit du jeune poète libanais, Haydar Moussa, et ledit poème disparut du site web de « Sada-Al-Mashrek', comme par enchantement.

Suite à cette rencontre historique, monsieur Mohamad Sawan, secrétaire du Congrès Islamique du Canada, disait que « *ça avait l'air positif dans l'ensemble* ».

Il ne pensait pas, finalement, devoir porter plainte dans cette histoire, ajoutant « *On n'a pas besoin de problèmes* ».

Au fait, où était-il le problème pour les Hérouxvillois et Hérouxvilloises de vouloir promulguer ce qu'ils ou elles sont ? Nous avions l'impression que les diodes avaient tenu le coup !

CHAPITRE IX

La Commission Bouchard-Taylor

Suite à l'émission *Tout le monde en parle*, diffusée le 4 février 2007, les journaux rapportaient des analyses plus savoureuses les unes que les autres. Plus d'un million et demi de québécois avaient écouté attentivement les propos du conseiller Drouin. Cet épisode faisait d'ailleurs la manchette du populaire site internet '*You Tube.com*' qui le diffusait en entier à leur adresse web.

Une semaine auparavant, un policier avait composé une chanson traitant de l'immigration, usant de termes peu flatteurs envers les immigrants. Diffusée sur des dizaines de sites internet, blogues et stations de radio, elle contribuait à faire augmenter la pression médiatique à l'égard des accommodements raisonnables. En voici le texte tel qu'il a paru aux médias :

On pense que ça commence à faire là.
On pense qu'on a assez ri d'nous autres là.
Pis pour ceux qui n'seraient pas contents,
Crissez-moi votre camp.

On veut ben accepter des ethnies,
Mais non pas à n'importe quel prix.
Si tu veux t'joindre à notre beau pays,
Tu devrais faire certains compromis.

Lorsqu'accueilli dans une place,
Il faut se fondre à la masse.
Parce qu'on peut dire qu'ici qu'tu es bien,
Plus que d'ou tu d'viens.

On peut maintenant porter le kirpan,
Parce que nous autres on est tolérants.
Changer les règles du YMCA,
Pis un coup parti du CLSC.

Nous sommes-nous fracturé la raison ?
Pour les caprices de chaque religion.
Aux accommodements raisonnables,
On n'est pu capables.

Y'est maintenant temps qu'on soit entendus,
Car notre culture se fait cracher dessus.
Si tu n'es pas content de ton sort,
Y'existe un endroit qu'est l'aéroport.

Toi ma minorité ethnique.
Arrête un peu ta musique.
Sinon dans ce cas la tu devras
Retourner chez toi… Retourner chez toi.

Cet humour caustique se répandait comme une traînée de poudre. Serge Chapleau, concepteur de l'émission *'Et Dieu créa…Laflaque'* à Radio-Canada, mettait en ondes une parodie où l'on voyait monsieur Drouin accueillir de nouveaux immigrants à

Hérouxville. La bande dessinée montrait le traitement spécifique fait à chaque ethnie se présentant devant lui, forçant ses hôtes à souscrire au mode de vie des 'habitants' d'Hérouxville. Le tout, sur une musique folklorique bien connue de la population. Hilarant, était un mot faible pour décrire ce nouveau succès.

On parodiait même le site web de la municipalité, modifiant le nom en 'Érouleville' et en lui donnant un caractère franchement vulgaire, xénophobe et raciste. En y pensant bien, si Hérouxville valait une risée, c'est qu'elle avait définitivement touché la fibre sensible des Québécois. André me disait : « *Plus on frappe sur un leader, plus les gens qui le supportent se gonflent* ». Plus on en parlait, plus les approbations fusaient de toutes parts. Après quatorze jours ininterrompus de nouvelles, commentaires et opinions diverses liés à Hérouxville et dominant l'actualité, la toile du web était inondée de courriels en provenance de tous les pays et les liens internet explosaient. Google recensait déjà huit cent cinquante mille liens et Yahoo un million deux cent dix mille en inscrivant le seul mot 'Hérouxville' à leurs moteurs de recherche.

André m'avait suggéré d'ajouter du contenu au site web de la municipalité à la page web 'Avis Public' consacrée à cette affaire. J'y ajoutai une centaine de courriels exprimant l'opinion de ceux et celles qui s'adressaient à moi en tant que webmestre du site, qu'elle soit favorable ou non à Hérouxville, conservant ainsi ce souci de demeurer honnête et intègre. J'étais étonné du nombre de personnes offrant temps et argent pour faire avancer la cause d'Hérouxville.

Certains offraient même des services gratuits à la municipalité, tandis que d'autres voulaient nous faire parvenir des textes juridiques étoffés afin de nous aider à faire modifier la Constitution canadienne et la Charte des droits et libertés de la personne. Il était évident que nous avions ouvert la boîte de Pandore. Tous les commentaires en appelaient du courage d'André Drouin de dire tout haut ce que le monde pensait tout bas. L'expression *'Merci d'avoir mis vos culottes'* apparaissait à tous les courriels reçus, comme pour démontrer que nos gouvernements étaient peu à l'écoute de sa population. Les accommodements raisonnables cachaient dorénavant une revendication majoritaire de la population du Québec : l'urgence de retrouver son identité.

Parmi les courriels reçus, nous pouvions lire un texte reprenant une parodie de la célèbre fable de Jean de La Fontaine : *'Le rat des villes et le rat des champs'* La morale qui s'y dégageait voulait identifier le clivage existant entre villes et villages, ces derniers étant associés à ce qu'on désigne 'les régions'. La métropole ne comprenait pas la montée de lait soudaine d'Hérouxville. Montréal étant devenue la ville de tous les débats, les régions souffraient terriblement du manque d'intérêts et d'une certaine reconnaissance de la part des gouvernements. Ces derniers étaient plutôt enclins à offrir à ses grands centres tout avantage au détriment de ses régions. D'ailleurs, c'est à la suite d'une intervention de Pierre Foglia, chroniqueur à *La Presse*, traitant le conseiller Drouin de 'moron', que cet internaute eut l'idée de défendre les intérêts d'Hérouxville. Voici cette fable humoristique telle que nous l'avons reçue :

Les morons des villes et les morons des champs
(avec l'autorisation de l'auteur)

Il était une fois un village de morons des champs qui, exaspérés par la confusion et l'indécision des morons des villes, décidèrent de se donner des règles de vie claires pour l'accueil des étrangers dans leur milieu. Peu habitués à tant de clarté et d'esprit de décision, les morons des villes furent complètement estomaqués et scandalisés. Oubliant qu'ils vivaient eux-mêmes une crise d'intégration des étrangers, les morons des villes commencèrent à se moquer des morons des champs. Les morons citadins qui écrivaient dans le gros journal de la ville, se mirent à déformer les règles de vie du village et à traiter les morons des champs de tarés, de xénophobes et de racistes. Mais en apprenant que les morons des champs avaient reçu des milliers de courriels de félicitations et qu'un des leurs était invité à la populaire émission « Tout le monde en parle », les morons des villes commencèrent à rire jaune. Pour ne pas avoir l'air trop fou dans l'édition du lendemain, les morons du gros journal de la ville se firent sociologues de bottine et anthropologues à 5¢ pour faire semblant de vouloir comprendre le code de vie des morons champêtres. Malgré le World Trade Center, l'intégrisme au Liban, les émeutes en France et le terrorisme en Grande-Bretagne, les morons des villes ne voyaient toujours pas la nécessité de définir clairement les conditions d'intégration des étrangers. Mais pour avoir l'air d'agir après avoir eu l'air fou, le moron en chef des villes donna alors le mandat à une Commission Spéciale de faire une vaste consultation, pour savoir comment faire pour avoir l'air de mettre ses culottes et se tenir debout. Devant le péril d'avoir à se prononcer, les coprésidents de ladite commission, s'empressèrent d'atténuer les attentes quant aux résultats de leurs travaux. D'ailleurs vu la grande complexité du sujet, leur rapport devra sûrement être soumis à un groupe de travail multiethnique qui à son tour soumettra ses recommandations à la commission parlementaire de l'immigration et des communautés culturelles, en vue de l'élaboration d'un livre blanc pour définir la politique du gouvernement en matière d'accommodements raisonnables. Compte tenu de l'échéancier, la commission parlementaire devra probablement ajourner ses travaux pour la tenue des prochaines élections générales. Ce sera alors au prochain gouvernement de décider de la suite des choses. Ouf ! Les morons des villes auront une fois de plus réussi à éviter l'angoissante obligation de prendre une position et de la défendre. Secrètement, ils envient les morons des champs qui eux semblent savoir ce qu'ils veulent.

Morale : Les morons ne naissent pas tous égaux et les moins morons ne sont pas nécessairement ceux que l'on pense !

Albert Bertrand

Le 5 février 2007, la lieutenante-gouverneure Lise Thibault, s'exprimait sur les exigences de certains groupes ethniques ou religieux et sur ce tollé généralisé de la population du Québec : « *Ce n'est pas un problème politique, mais humain. Certaines de ces personnes quittent leur pays parce qu'elles ne sont plus capables d'y rêver et parce qu'elles rêvent au nôtre. Il faut faire des concessions et éviter une vue à court terme. Dans deux ou trois générations, ces gens qui nous semblent différents aujourd'hui, seront devenus comme nous. Il suffit d'y mettre un peu d'amour et de tolérance* ».

La générosité de notre lieutenante-gouverneure à l'égard d'une telle situation politique exprimait peut-être ici sa très grande préoccupation à justifier ses notes de service fort onéreuses et contestées de tous.

Les différentes communautés continuaient d'exprimer leur point de vue à l'égard des accommodements, qu'ils soient religieux ou de toute autre nature.

L'Imam Saïd Jaziri, imam de la mosquée Al Qods de Montréal, indiquait que « *le débat sur les accommodements raisonnables avait été jusqu'ici civilisé, mais avec l'affaire Hérouxville tout a dérapé, ce n'est pas à eux de changer la charte* ».

Il ajoutait que « *les gens ont peur d'être méprisés. Ils sont dans le doute et vivent de l'inquiétude. Ils croient en la tolérance des Québécois et espèrent que tout cela sera passager* ».

Ce dernier avait d'ailleurs rendu visite à Luc Paquin, propriétaire du restaurant *Le Timothée* à Hérouxville. Il voulait mettre à l'épreuve la tolérance des citoyens d'Hérouxville. Il passa presque inaperçu, se contentant d'une discussion cordiale avec quelques personnes qui s'offraient un café. L'Imam ne semblait pas être informé du grand nombre de courriels reçus de la part d'immigrants nous disant « *Félicitations et merci. N'abandonnez pas. Vous avez su voir ce que d'autres pays auraient dû voir.* » Nous aurions pu lui décerner le prix 'Iznogoud', récompense remise annuellement en France à la personnalité qui a tenté de « devenir calife à la place du calife », c'est-à-dire s'est vantée et a lamentablement échoué dans son entreprise. Le restaurant allait devenir le lieu de prédilection de tous les journalistes et commentateurs à la recherche d'une opinion citoyenne.

Steven Slimovitch, porte-parole de l'organisme juif B'nai Brith, craignait que cette affaire ne prenne encore plus d'ampleur et affirmait que « *lorsque nous avons lu la déclaration d'Hérouxville, même si on n'était pas ciblé directement, on a été choqué. On ne voudrait pas que tout cela aille trop loin* ».

Leila Bdeir, membre de 'Présence musulmane' de Montréal, rapportait que « *ce type d'expérience peut rendre les gens plus rigides et davantage méfiants. Je pense que, dans l'ensemble, les débats sont sains. Le hic, avec celui-ci, c'est qu'il survient quelques jours après la publication d'un sondage controversé. Bref, on n'est pas en mesure d'avoir un débat constructif, actuellement* ».

De son côté, Salam Elminyawi, président du Conseil des musulmans, n'était pas prêt à blâmer les élus d'Hérouxville pour leur action. Il pensait même que ce débat était utile et nécessaire en ajoutant que « *nous sommes un pays qui a avancé à travers des débats. Nous vivons en ce moment quelque chose d'important qui mérite une attention particulière* ».

De toutes les opinions exprimées, celle de monsieur Elminyawi semblait la plus modérée qu'il nous ait été permis d'entendre.

Le gouvernement du Québec, exaspéré, finit par répondre à cette poudrière médiatique le 8 février 2007, en appelant une Commission de consultation sur les pratiques d'accommodements reliées aux différences culturelles, La commission serait dirigée par monsieur Charles Taylor, imminent intellectuel canadien et monsieur Gérard Bouchard, philosophe et sociologue de grande renommée. « *Aujourd'hui, nous nous donnons les moyens, comme société, d'avoir un dialogue réfléchi et respectueux* », déclarait monsieur Jean Charest, premier ministre du Québec. « *Le Québec est une société d'accueil. Les nouveaux arrivants, comme ceux qui les ont précédés, viennent au Québec pour partager notre réussite, vivre librement et se faire une nouvelle vie. Ils viennent enrichir le Québec de leur savoir et de leur culture, ils construisent le Québec avec nous. Or, chacun d'eux a la responsabilité de s'intégrer à notre nation. Cela signifie qu'ils doivent s'engager à adhérer à nos valeurs fondamentales. En contrepartie, nous avons, nous aussi, comme société d'accueil, une responsabilité : nous devons nous ouvrir à leur différence. Notre diversité est aujourd'hui l'une de nos plus grandes richesses. C'est une conviction inébranlable pour moi* » poursuivait-il.

Je vous mentirais si je disais que l'accueil d'une telle enquête a fait l'unanimité de ceux ou celles avec qui j'en ai discuté lorsque la nouvelle tomba. Notre groupe sentait que la solution proposée par monsieur Charest n'avait pour objectif que d'éloigner ses troupes de ce débat, des élections provinciales imminentes devant être déclenchées au Québec. Cette vieille astuce politique n'allait pas pour autant faire taire tous ces citoyens et citoyennes dont la flamme identitaire s'était soudainement rallumée. Les services policiers avaient informé André d'une nouvelle réalité : la marmite avait atteint son point d'ébullition. Il déclara donc aux journalistes qu'il n'était pas satisfait de cette décision, mais qu'« *au moins, les isolés se sont fait entendre et le premier ministre a pris la décision de prendre une décision* ». La température allait donc baisser un peu.

Au lendemain de l'intervention de monsieur Charest, les journaux se demandaient qui était André Drouin. Le '*Journal de Montréal*' publiait un article de Fabrice De Pierrrebourg intitulé '*L'énigmatique conseiller Drouin*' qui en dit long sur l'ambiance politique à ce moment-là :

Le conseiller André Drouin, la grande gueule qui a fait plier Jean Charest, a toujours pris un malin plaisir à cultiver le secret autour de sa vie auprès de ses concitoyens. Qui est André Drouin ? Un mythomane ou un cachottier ? Le principal intéressé, que le Journal de Montréal a rencontré chez lui cette semaine, refuse obstinément de dévoiler son CV. « Si j'étais premier ministre, je conterais toute ma vie... et un paquet de menteries. » Chercher la clé de ce mystère dans les rues de ce village est aussi difficile que de retracer l'histoire d'un squelette. Ici, c'est la loi du silence. Le « peuple d'Hérouxville », comme l'appelle André Drouin, fait corps autour de son héros et le protège. « On ne répond pas à ça, réplique-t-on sèchement au Club de l'âge d'or. Ce qui compte, c'est qu'il ait réveillé le monde entier. » Le mystère qui l'entoure est tellement grand qu'une rumeur circule à Hérouxville laissant entendre qu'il serait peut-être... un espion.

(Extrait du Journal de Montréal, 10 février 2007)

Fabrice, après son entrevue, annonça à André qu'il publierait bientôt un livre traitant du terrorisme international, plus précisément de terroristes connus faisant l'objet d'une très haute surveillance au pays. Il demanda à André s'il possédait des renseignements à ce sujet. Je n'ai pas assisté à cette discussion.

Un autre article, cette fois-ci du journal La Presse en date du 11 février 2007 titrait : « *L'insaisissable André Drouin* » sous les plumes conjointes de Katia Gagnon et Émilie Côté. Je décidai d'en informer André en demandant à Luce de m'inscrire à l'agenda de ce dernier. Lors de notre rencontre, il me dit : « *Un journaliste m'en a parlé ce matin et Luce me dit que nos deux plus jeunes enfants ont été retracés par les journalistes. Ils ont refusé de répondre aux questions. Le plus vieux, ils ne pourront jamais le rejoindre. Et pour moi ils ne sauront rien de 1991 à*

2001. Je ne peux apparaître sur aucun écran radar. Tu sais, Bernard, il ne faut pas que le messager devienne plus important que le message qu'il véhicule. Tu as l'air fatigué Bernard. Je le suis aussi. Douze jours quasiment sans manger ni dormir, pas de radio ni télé, ce sont les journalistes qui m'informent des nouvelles. Luce survit péniblement. Encore dix jours, et le sous-marin fera surface. N'abandonnez pas. N'abandonnez pas. Nous ferons le point lorsque rendu en surface ». Il quitta pour une autre entrevue. André ne savait pas que madame Gagnon tentait également de me rejoindre afin d'obtenir des informations personnelles au sujet de 'l'énigmatique conseiller'. Elle fut sûrement déçue d'apprendre que mon refus de l'informer était catégorique.

Quelques jours plus tard, le Journal de Montréal publiait un article de Sheila Copps, défenderesse incontestée du multiculturalisme canadien. Elle en faisait l'éloge en ces termes :

Les trois plus grandes villes du pays, Toronto, Montréal et Vancouver, sont des modèles d'intégration et d'inter culturalisme. Nous avons été le premier pays à adopter l'Instrument international sur la diversité culturelle, reflet de notre respect pour les différences de culture. Quand des différences raciales et religieuses s'affrontent, habituellement les gens réagissent prudemment. Sauf que la déclaration d'Hérouxville dégage des relents de xénophobie qu'on attend plutôt d'un Jean-Marie Le Pen.

(Extrait du Journal de Montréal, 16 février 2007)

La comparaison à Jean-Marie Le Pen constituait une polémique assez remarquable et allait multiplier les interventions de nombreuses personnes qui avaient suivi 'l'Affaire Hérouxville'. Madame Copps, admirable démocrate, avait finalement commis un impair. Elle défendait ce multiculturalisme canadien bec et ongles, sans y consacrer la moindre part d'objectivité, osant même comparer André au président du 'Front National' français, parti politique d'extrême droite. Quelle bourde ! S'il y avait lieu d'inscrire une coquille au dernier mot utilisé, le 'g' pourrait ici remplacer le 'b'. D'ailleurs, pourquoi parler de Toronto, Montréal ou Vancouver ? Et les régions madame ? Si tant de crimes ont lieu au nom des us et coutumes des immigrants de ces grandes villes canadiennes et qu'ils ne sont pas dénoncés publiquement, n'est-ce surtout pas parce que ce multiculturalisme interculturel n'a que banalisé ces situations ? À moins que la loi du silence prédomine dans ces groupes ethniques ! Neil Bissoondath, célèbre écrivain, immigrant lui-même, dans son livre *'Le marché aux illusions',* accusait le multiculturalisme canadien d'emprisonner les nouveaux arrivants dans leur culture d'origine. À croire qu'il ait été visionnaire.

Nous avions reçu tant de courriels de la part de Canadiens soutenant sans réserve la cause d'Hérouxville ! Ils voyaient en ce multiculturalisme canadien un véritable échec.

Ainsi, les remarques de madame Copps n'empêcheraient aucunement l'augmentation des appuis à Hérouxville. Personne au Québec n'allait envelopper son discours d'un beau drapeau rouge canadien, celui-là même que madame Copps distribuait si généreusement du temps où Patrimoine Canada était sous sa responsabilité. Nous pouvions donc, d'ores et déjà, lui souhaiter un 'Joyeux Solstice d'Hiver'.

Entre temps, une grand-maman de Montréal, madame Johanne Chayer, composait un très beau texte, témoin de notre identité. Le texte mettait en valeur la devise du Québec, *'Je me souviens'*. Texte réconfortant, s'il en est un. Nous le reproduisons ici :

Je me souviens !
(Avec l'autorisation de l'auteur)

J'aurais voulu aller rencontrer ces femmes musulmanes à Hérouxville pour partager leur culture et leurs recettes, mais surtout pour profiter de l'occasion de leur expliquer notre devise : je me souviens.

Je me souviens que, dans mon jeune âge, nous ne pouvions pas entrer à l'église sans avoir un voile ou un chapeau sur la tête. À cette époque, je me souviens aussi que c'était aussi un péché mortel de manger de la viande le vendredi. Dans la même décennie, je me souviens que ma mère a été chassée de l'Église parce qu'après avoir mis au monde quatre enfants, elle ne voulait plus en avoir d'autres. Je me souviens que, pour cette raison, le pardon de ses fautes lui était refusé par l'Église, à moins qu'elle ne laisse son corps à son mari, avec ou sans plaisir, au risque d'atteindre la douzaine. Je me souviens qu'elle a refusé et qu'elle a quitté l'Église, comme beaucoup d'autres femmes de sa génération. Je me souviens que ma mère s'est ensuite séparée de mon père et que nous sommes devenus la cible des regards et des commentaires désobligeants de notre paroisse. Cependant, je me souviens qu'à la suite de sa séparation, nous avons vu le collet romain sur la table de nuit. Le prêtre voulait-il tester les moyens de contraception de l'heure ?

Dans la même décennie, je me souviens que la cousine de ma mère a obtenu le divorce et qu'elle a reçu du même coup son excommunication de Rome.

Je me souviens que, quelques années à peine avant ma naissance, les femmes ont obtenu le droit de vote et en même temps, le droit d'être considérées comme des citoyennes à part entière dans la société.

Je me souviens que, tour à tour, ma mère et ma belle-mère ont vu une opération urgente retardée en attendant que leur mari respectif, de qui elles étaient séparées de fait et non légalement, appose sa signature pour autoriser leur intervention chirurgicale.

Devenue adulte, je me souviens que, grâce aux pressions de la génération précédente, j'ai eu accès aux premiers moyens de contraception qui m'ont permis de restreindre le nombre de mes propres rejetons. Je me souviens aussi qu'il n'était plus un péché de manger de la viande le vendredi. Je ne sais pas ce qui est arrivé à ceux qui sont allés en enfer. J'espère qu'on les a rapatriés.

Devenue adulte, je me souviens avoir travaillé dans des environnements traditionnellement réservés aux hommes. Je me souviens des frustrations de ne pas avoir été traitées au même titre que les hommes dans les entreprises et surtout dans la vie en général. Je me souviens qu'après avoir eu un fils, je ne voulais plus d'autres enfants de peur que ce soit des filles, par solidarité, et parce que le travail qui restait encore à faire pour atteindre l'égalité était énorme. Je me souviens des efforts que beaucoup de femmes ont dû déployer pour se faire reconnaître et pour obtenir des postes administratifs de haut niveau. Je me souviens du militantisme de beaucoup de femmes qui ont travaillé d'arrache-pied pour obtenir l'équité dans notre pays comme politicienne, au sein des chambres de commerce, des syndicats, du Conseil du statut de la femme, etc.

Je me souviens qu'il a fallu plus de cinquante ans d'efforts collectifs pour nous libérer de l'emprise de l'Église et de la religion sur nos vies. Je me souviens qu'il a fallu plus de soixante ans (1940 à 2006) pour obtenir l'équité salariale et que ce n'est pas encore fini. Mes soixante ans font que je sais que rien n'est acquis dans la vie et qu'il faut maintenir, voire redoubler nos efforts, pour ne pas perdre le résultat de tous ces labeurs.

Je ne suis pas raciste, cependant, lorsque je vois d'autres ethnies, imprégnées par leur religion contrôlante, vouloir s'imposer dans notre société, j'ai peur. J'ai peur parce que ces hommes et ces femmes ne savent pas quel chemin nous avons parcouru. De plus, les jeunes Québécoises qui embrassent cette religion qui voile les femmes, ne se souviennent pas. C'est donc par ignorance qu'on explique leur choix. Aucun animal dans la nature, à part l'homme, n'habille sa femelle par-dessus la tête.

Je suis maintenant une grand-mère de quatre merveilleuses petites-filles et j'ai peur. J'ai peur lorsque je vois une femme voilée travailler dans un CPE ou dans nos écoles ou encore lorsqu'on y laisse un enfant porter le kirpan. Nous nous sommes débarrassés de tous ces symboles religieux et voilà qu'ils reviennent à l'endroit même où l'éducation de notre nouvelle génération est cruciale et à la période à laquelle on doit inculquer les principes fondamentaux de vie en société à nos enfants. La tolérance envers ces symboles religieux que sont le voile, le kirpan, le turban dans les CPE, dans nos écoles et dans nos institutions en général, est un manque de respect pour les générations précédentes qui ont travaillé si forts pour se retirer de l'emprise de la religion sur nos vies. Vous ne vous souvenez pas! Moi, je me souviens et, à cet égard, je n'ai aucune tolérance et je ne veux aucun accommodement par respect pour ma mère, ma tante et pour mes petites-filles.

Je me souviens que la charte des droits et libertés permet à chacun de pratiquer la religion de son choix mais, de grâce, que cette religion demeure dans la famille. Le port du voile dans la religion musulmane est pour nous la démonstration la plus importante de la soumission de la femme et c'est cela qui nous fait peur et qui nous choque parce qu'on se souvient. On se souvient que ce symbole existait il y a cinquante ans, et on ne veut pas revenir en arrière.

Que l'on prie Jésus, Mahomet ou Bouddha m'importe peu, mais nous nous sommes battus, Québécois et Québécoises, pour que notre société soit laïque. Nous nous sommes battues, Québécoises, pour obtenir l'égalité du droit de parole entre les hommes et les femmes, autant que pour l'égalité des chances au travail. Souvenez-vous que si vous avez immigré au Canada, et surtout au Québec, c'est pour faire partie d'une société ouverte qui vous donne sur un plateau d'argent tous les acquis que les générations précédentes ont obtenus particulièrement au chapitre des droits des femmes. Je veux croire aussi que c'est par ignorance de nos traditions et de nos coutumes, et non par manque de respect, que les femmes musulmanes veulent montrer au grand jour voire, imposer ce symbole de leur croyance, qu'est le voile.

Peut-être que notre société va trop loin avec ses libertés. Mais, le balancier doit s'arrêter au milieu et non régresser jusqu'au point de départ. Il faut se souvenir. L'intégration à une société commence par le respect de ses traditions et de ses coutumes, ainsi que par le respect envers ses citoyens et citoyennes qui ont participé à l'exercice.

Peut-être que nos livres d'histoire ne se souviennent pas ou bien qu'ils n'ont simplement pas été mis à jour. C'est donc la responsabilité du gouvernement d'appliquer notre devise « Je me souviens » à notre Histoire et d'intégrer à cette Histoire, les efforts de nos générations précédentes pour atteindre la société d'aujourd'hui et surtout de s'assurer que la génération montante s'en souvienne. C'est aussi la responsabilité des organismes d'accueil aux immigrants de leur faire connaître cette devise du Québec « Je me souviens » afin que ces nouveaux arrivants ne pensent pas que nous sommes racistes simplement parce que l'on s'en souvient et qu'on ne veut pas imposer à notre progéniture d'avoir à reprendre les mêmes débats qu'il y a cinquante ans.

Grand-mère Johanne Chayer
Courriel : johanne.chayer@videotron.ca

Vous conviendrez avec moi que cette crise d'identité rendait cette commission peut-être inutile, car il était déjà acquis, pour plusieurs, qu'une modification importante à la Charte des Droits et Libertés demeurait la seule avenue prometteuse. D'autres y voyaient l'occasion de remettre à l'agenda la question de la souveraineté. Les plus nationalistes semblaient toutefois plus pragmatiques. Ils appuieraient la Commission Bouchard-Taylor sans compromis. Il fallait peut-être attendre les opinions des coprésidents de la commission pour mieux juger de la pertinence de celle-ci.

Dans la foulée de ces opinions tant attendues, j'étais à même de constater que monsieur Taylor exprimait déjà certaines réserves. Dans l'édition du

Devoir du 17 février 2007, il déclarait : « *Je pense plutôt à une formule limitée qui permettra de terminer notre mandat dans le délai prévu d'une année et qui aura comme but non pas de clore le débat, non pas de définir LA solution, mais de susciter la discussion. Il y a bien pire que la situation du Québec, j'ai vu des débats de société beaucoup plus empoisonnés que ne l'est notre débat au Québec* ».

Désarmant ! Surtout que son coprésident monsieur Bouchard soulevait sa propre hypothèse dans l'édition du 23 mars 2007 du journal *Voir* (journal branché de Montréal) :

« *L'idée qu'on ne peut plus penser la réalité québécoise dans sa singularité et qu'il faut élargir la réflexion au continent et au monde atlantique, c'est pour moi une idée pas mal acquise. Ce qui ne veut pas dire pour autant qu'on a vraiment pensé la diversité québécoise, je suis loin d'être convaincu de ça. Nous avons admis la diversité québécoise et nous nous sommes réconciliés avec elle, mais a-t-on vraiment pensé à son arrimage à la vieille identité canadienne-française ? Je ne le crois pas. Ce qui vient d'arriver à propos des accommodements raisonnables en dit long là-dessus. C'est dans une large mesure la révélation qu'il y a une articulation mal faite entre la diversité et l'ancienne tradition ou culture de la société d'accueil. On se rend compte aujourd'hui que la vieille culture canadienne-française est une identité toujours très vivace qui ne s'est pas bien mariée avec la culture de l'immigrant ou des communautés culturelles* ».

« *Le Québec a besoin d'accomplir un acte fondateur. Or, l'indépendance nationale est un acte fondateur, qui servira ensuite aux Québécois à se valoriser pendant des siècles en le réactualisant dans des rituels, des célébrations, des commémorations. Chaque fois qu'une société se trouve en crise, donc commence à s'inquiéter d'elle-même, de ce qu'elle est puis de ce qu'elle va devenir, de ses capacités à faire ce qu'elle devrait faire, elle se tourne vers un acte fondateur qui est toujours un acte vertueux, héroïque, plein de force et de courage, auquel les générations s'abreuvent constamment. C'est ça, la magie d'un acte fondateur* » poursuivait monsieur Bouchard.

Lors d'une entrevue, monsieur Bouchard avait affirmé qu'il fallait peut-être que les Canadiens-français « *jettent leurs souches aux feux de la Saint-Jean* ». Cette fête nationale de la Saint-Jean, au Québec, est symbolisée par un immense feu de joie qui nous rappelle notre appartenance à des valeurs fondamentales.

Que pouvait donc apporter une telle commission au débat, alors que les enjeux semblaient déjà établis ou irréconciliables. Les femmes avaient timidement revendiqué leur présence à cette commission, brandissant le principe de l'égalité des sexes. Monsieur Bouchard convenait plutôt que l'ajout d'autres personnes à la direction de cette commission allait retarder l'échéance. Nous aurions cru voir dans ce diktat que seule la présence de femmes à cette commission allait la retarder ! Ce fut donc l'occasion pour moi d'écrire une lettre aux journaux.

Le Nouvelliste et *Le Devoir* la publièrent. En voici la reproduction fidèle :

Quand nos « Yvette » s'accommodent

Jeunes, nos mères retardaient souvent notre punition en nous disant tout simplement « Attendez que votre père arrive ». Elles étaient occupées à nourrir en nous ce sentiment que l'autorité devait demeurer paternelle. Pendant ce temps, elles vaquaient à toutes les tâches et occupations qui donnent un sens à l'unité de la famille dans cette société québécoise matriarcale.

Plus tard, ces mères se responsabiliseront encore davantage en prenant la route du marché du travail, la mère affirmant ainsi ses droits et obligations envers une société appelée à se diversifier. Ainsi naissait l'égalité des sexes.

La place des femmes devrait aujourd'hui être chose acquise vu leur très grande contribution à l'éclosion de la société moderne dans laquelle nous vivons. Comment donc M. Charest a-t-il pu arriver à concevoir une commission sur les accommodements raisonnables devant se pencher sur l'identité collective des Québécois(e)s sans la présence de femmes au sein de sa direction ? Aurait-il sous-estimé leur apport dans la société québécoise ? Ou serait-ce que les femmes ont perdu le sens de la bataille ? Ne vous rappelez-vous pas ce fameux épisode des Yvette, au Forum de Montréal, lors du référendum de 1980 ? Ces femmes s'étaient positionnées de manière phénoménale sur la scène politique. Elles avaient changé le cours de l'histoire même si les historiens boudent encore cet épisode épique !

Comment exhorter les femmes à exiger le minimum, soit leur présence au plus haut niveau de cette commission Bouchard-Taylor ? Serait-ce qu'elles auraient, comme M. Bouchard, jeté leurs souches aux feux de la Saint-Jean ? À moins que l'élite intellectuelle ne soit que l'apanage des hommes !

Bernard Thompson
Hérouxville

Cette lettre trouva plus d'échos auprès de ma famille et de mes amis qu'auprès des groupes féminins engagés. J'avais fais parvenir le texte à la Fédération des Femmes du Québec et autres instances politiques. Je désirais les éveiller au fait que la position de la femme dans la société québécoise subit une chute constante depuis quelques années. Comme si le combat ne les inspirait plus ou que la domination mâle avait fait son œuvre. D'ailleurs, leur présence en politique s'amenuisant de plus en plus, leurs interventions se faisant de moins en moins nombreuses, je me disais que j'allais peut-être secouer leurs convictions toutes féminines. Rien. Le calme plat. Aucun accusé de réception. Ne pouvaient-elles pas voir que chaque accommodement religieux leur retire des droits si péniblement acquis ? Que toutes les religions en appellent à l'infériorité des femmes ? Curieusement, j'étais tenté de faire un parallèle entre cette absence de réponse et le silence des ministres féminines interpellées au niveau des gouvernements provincial et fédéral, lorsque le conseiller Drouin les interpella au sujet des règles régissant l'immigration. Au moment d'écrire ces lignes, aucune réponse ne lui était encore parvenue. Le gouvernement du Québec comptant de nombreuses femmes ministres, entendions-nous leur voix ? Est-ce que la ligne de parti les rendait muettes ? Une chanson de Patrick Juvet pourrait peut-être les interpeller : '*Où sont les femmes ?*'.

Chapitre X

Des réflexions politiques aux décisions populaires

La Commission des droits de la personne et des droits de la jeunesse du Québec, en février 2005, publiait une réflexion sur la portée des limites de l'obligation d'accommodement en matière religieuse, produite par Me Pierre Bosset, directeur à la Direction de la recherche et de la planification. Après avoir défini le cadre juridique lié aux accommodements raisonnables, Me Bosset rappelait que « *l'égalité de fait ne signifie pas toujours l'égalité de traitement et qu'il faut parfois des traitements différentiels pour respecter l'égalité entre les personnes* ».

Il soulignait également que « *les droits et libertés garantis par la Charte des droits et libertés canadienne le sont à tous les citoyens, indépendamment de leur appartenance ou non à un groupe minoritaire* ».

Il renforçait ses réflexions en affirmant que « *les accommodements se font sur la base de droits individuels et ne constituent pas des droits collectifs reconnus aux groupes religieux* ».

Ses analyses étaient nées de la volonté de recourir à l'accommodement de manière à favoriser l'intégration sociale. Nous pouvions ici nous interroger sur les effets pervers de l'accommodement : la ghettoïsation, l'isolement, mais surtout son recours complaisant. À la lumière des réflexions de Me Bosset, il m'apparaissait donc clairement que si l'on accorde un accommodement à une minorité dans la minorité, qu'on ouvre une voie immédiate aux fondamentalistes qui seraient tentés de s'offrir ledit accommodement dans le but de promouvoir des idéaux dont personne ne peut voir venir l'éclosion. N'est-ce pas le souhait des fondamentalistes minoritaires ? Voilà une autre perspective qui sanctionnait davantage une demande de révision de la Charte des droits et libertés. Rappelons-nous que monsieur Al Jaziri avait déclaré que ce n'était pas à Hérouxville d'exiger une modification à ladite Charte ! Pourquoi ?

En novembre 2006, monsieur André Dowd, président par intérim de cette même Commission, s'interrogeait du moment où une demande d'accommodement de nature religieuse devient raisonnable. Dans une directive à ses fonctionnaires, il rappelait que des facteurs pertinents étaient reconnus par les tribunaux afin d'évaluer les contraintes d'un accommodement, tels les coûts reliés au dit accommodement, ainsi que son impact sur les droits d'autrui ou le bon fonctionnement d'une institution.

Il ajoutait : « *en fait, on a souvent l'impression d'assister à un choc des valeurs et nous devrions saisir l'occasion de réaffirmer clairement des valeurs fondées sur la Charte des droits et libertés de la personne* ».

Les réflexions de monsieur Dowd confirmaient les motifs pour lesquels la salle de prière avait été admise à l'École de technologie supérieure six mois plus tôt. Dans un jugement unanime, la Commission condamnait cette institution d'enseignement à retrancher de son formulaire de demande d'admission, la mention qui suit, à savoir « *et qu'on n'y retrouve aucun local destiné à la pratique de la pratique religieuse* ».

La Commission accordait ainsi à un groupe d'étudiants musulmans un accommodement religieux contraire à l'opinion juridique de Me Bosset à l'effet que les demandes d'accommodement ne constituent pas des droits collectifs reconnus aux groupes religieux. Faudrait-il alors définir ce qu'est un groupe ? Quel groupe aurait préséance sur l'autre ? Un exemple de discrimination aurait été d'interdire à toute personne de prier dans sa synagogue, sa mosquée, son temple ou son église et l'interdiction des lieux de prière à l'intérieur d'un lieu public n'aurait été qu'une promulgation de la laïcité dont l'État veut s'enrichir. C'est ici une différence fondamentale qu'on se doit d'établir lorsqu'on désire élaborer des directives claires, absentes d'ambiguïtés. Nous n'en étions pas à une contradiction près, et je savais que nous ne serions pas sortis de sitôt de l'auberge !

Des événements hors du commun allaient encore secouer les consciences collectives. Le 9 mars 2007, les policiers de Montréal étaient informés qu'ils devraient suivre une formation sur le profilage racial et les accommodements raisonnables d'ici l'an prochain. Il s'agissait d'un précédent au Québec. L'initiative, subventionnée par Patrimoine Canada et dont le budget alloué semble illimité, fut immédiatement dénoncée par la Fraternité des policiers et policières de Montréal.

Le 11 mars 2007, le cœur même de la culture québécoise était la cible de cette flèche empoisonnée qu'est l'accommodement. Le propriétaire de la cabane à sucre 'L'érablière au Sous-bois', de Mont-Saint-Grégoire, en Montérégie faisait le pari d'accommoder une partie de sa clientèle au détriment de l'autre. En effet, le chanteur country Sylvain Boily qui s'était réuni avec parents et amis à cette érablière, était invité à sortir de la salle de danse afin de faire place à un groupe d'une cinquantaine de musulmans dont l'heure de la prière était venue. Le propriétaire des lieux confirma que c'était bien son vœu, le groupe de musulmans comptant plus de têtes que la famille et amis de monsieur Boily réunis. Pourtant, le quart seulement des deux cent soixante musulmans présents avaient manifesté le désir de prier. La loi du nombre prévalait pour ce propriétaire, nouvel ambassadeur du capitalisme. Il ne savait pas que la tradition vaut aussi son pesant d'or ! La dénonciation de cet événement eut une telle répercussion négative sur ses affaires, qu'il doit sûrement aujourd'hui encore réfléchir au bien-fondé de sa décision d'affaires et se demander comment il a pu perdre le Nord, par nature, opposé à l'Est. Comme quoi la nature est parfois meilleure conseillère !

Le 13 mars 2007, le feu était aux poudres. Une étudiante, Sondos Abdelatif, musulmane de 19 ans, qui suivait une formation pour devenir agent correctionnel, se fait interdire par ses supérieurs de la prison de Bordeaux de porter le hidjab, sans quoi son emploi est menacé. On invoquait ici une question de sécurité. À la recherche d'un compromis, madame Sarah Elgazzar, du Conseil canadien des relations islamo-américaines, suggérait des façons de porter le hidjab de manière à écarter le danger d'étranglement. Aucune ouverture possible ne pouvait être envisagée selon le porte-parole du ministère de la Sécurité publique du Québec, monsieur Roussy, le voile ne pouvant être accepté dans l'uniforme des agents correctionnels, par mesure de sécurité. Pourtant, la veille, monsieur Lortie, sous-ministre associé, affirmait que « *nous devons y jeter un coup d'œil* ». Ce dernier demeura introuvable au lendemain de sa déclaration. Il n'en fallait pas davantage pour qu'une menace de la part du Conseil des relations islamo-américaines soit brandie à la face de la Commission des droits de la personne. Sa porte-parole, madame Elgazzar, atténuait l'incident en indiquant qu'elle croyait plutôt que « *c'est de l'ignorance de gens qui ont peur de l'inconnu* ». Cette phrase ne m'était pas inconnue, puisque très courante comme argument chez les défenseurs de l'accommodement.

Le 22 mars 2007, à quatre jours de l'élection provinciale au Québec, le Directeur général des élections acceptait que les femmes musulmanes, selon leur choix, demeurent voilées lorsqu'elles iraient voter. L'heure de la mascarade avait sonné. Cette directive me rappelait le mode de vie des Hérouxvillois où l'on aurait pu ajouter un paragraphe consacré à la période de votation lors d'élections générales. Ainsi, le déguisement aurait été autorisé au-delà de la période allouée au temps de l'Halloween, où masques et bergamasques se confondent sous un clair de lune verlainien. Le directeur des élections aurait souhaité lier les accommodements au débat politique, qu'il n'aurait pu faire mieux. Ce dernier ne faisant pas dans la poésie, en cet hiver frileux, à l'image de sa directive, il fit disparaître, illico, cet accommodement de ses manuels. Il venait de faire la démonstration que l'intention du législateur peut être interprétée sans recours à une commission d'étude. La pleine lune médiatique allait décliner dans l'ombrage de la nuit, et les Québécois allaient dès maintenant montrer leur vrai visage.

On peut donc mieux comprendre ici comment l'Action Démocratique du Québec, parti politique dirigé par monsieur Mario Dumont, a fait des accommodements raisonnables, son cheval de bataille. Monsieur Dumont était fort conscient que les notions juridiques assujetties aux accommodements raisonnables interpellaient la population. Dès le début de l'Affaire Hérouxville, il prenait position, affirmant ne pas blâmer les élus d'Hérouxville, voyant là un « cri du cœur » destiné à « réveiller monsieur Jean Charest ». Monsieur Charest avait répliqué qu'« *on n'aura pas au Québec mille réglementations municipales différentes sur un sujet aussi fondamental* ». Rappelons qu'il voyait Hérouxville comme un 'cas isolé'. Pourtant, les jours précédents, le conseiller Drouin avait bien mandaté monsieur Charest comme chargé de projet afin de résoudre le problème des accommodements raisonnables ! À croire que la suffisance et la distance de ce dernier envers ce nouveau mandat qu'André lui confiait, n'auraient d'égal que son échec politique. Voici un extrait du document envoyé au premier ministre Charest constituant l'essentiel du mandat à accomplir :

Solution présentée

Objectifs : Assurer la conservation de la culture de notre peuple.

Réaligner la démocratie et assurer sa survie.

Action(s) : **Décréter l'état d'urgence**

Application : **Immédiate**

Éléments : Annuler toutes possibilités d'obtenir des accommodements (religieux).

Annuler rétroactivement ceux déjà obtenus.

Aviser Immigration Canada et Immigration Québec de se conformer.

Aviser Patrimoine Canada que le patrimoine du Québec existe aussi.

But : 1) Indiquer que les gens démocratiquement élus reprennent la gouverne.

2) Avouer que ces mêmes gens ont omis d'accomplir leurs devoirs.

Réactions potentielles : Quel moron a pensé à ça ?
Est-ce que ce sont les morons d'Hérouxville ?
Où est la démocratie ?

Réponse :

Si un jour le premier ministre d'un pays à pu instaurer les mesures de guerre contre une province, le premier ministre de ladite province pourrait décréter une mesure d'urgence pour protéger la culture du peuple qui l'a élu démocratiquement et ainsi démontrer que notre démocratie fonctionne encore.

Si quelques lois existent qui vous empêchent de le faire, annuler ces lois, 85 % du peuple vous le demande.

Résultats :

Les femmes, toutes les femmes, du Québec, deviennent égales à l'homme.

Peuple satisfait.

Paix sociale maintenue.

Nos enfants pourront manger du porc dans les écoles dans le futur.

Nos conseils municipaux pourront travailler la nuit.

Les chapeaux de sécurité seront portés au travail lorsque requis.

Nous pourrons nous souhaiter Joyeux Noël....

Nous conserverons un crucifix à l'Assemblée Nationale.

Nous pourrons dire '*tabarnak*' et notre Dieu nous pardonnera bien.

Vous demeurerez au pouvoir pour encore 20 ans.

Temps d'exécution :   Environ 4 heures (local)
6 heures (mondial)

Suggestion de recette pour établir des normes

Voir document de madame Monique Gagnon Tremblay « Au Québec pour bâtir ensemble », énoncé de politique en matière d'immigration et d'intégration (1991)

Note : Ce document aurait dû être appliqué il y a 16 ans.

Réduire la charte des droits à un document de 1 page. Ainsi, le peuple s'y reconnaîtra.

Établir une charte des devoirs d'un maximum de 1 page. Ainsi, le peuple les connaîtra.

Gérer en équilibrant DEVOIRS et DROITS

Plus vous avez de devoirs plus vous pouvez accomplir.

Plus vous avez de droits, moins vous pouvez accomplir.

Temps d'exécution Environ 4 jours

André avait donc adressé ici l'essentiel du mandat qu'il confiait à Jean Charest. Les chartes nous empêchaient d'exprimer pleinement notre identité, prêtant à leur préambule l'affirmation que Dieu soutient ses fondements. Elles n'appuyaient en rien les principes de laïcité' revendiqués par la majorité des citoyens.

Les vingt-cinq années d'existence de la Charte canadienne semblent aujourd'hui suggérer que l'identité canadienne n'ait jamais été assujettie à une culture propre aux canadiens d'origine, alors que le Québec a toujours promulgué sa richesse culturelle à travers le monde. D'autres intervenants annonceraient leurs couleurs.

D'instinct, monsieur Dumont savait que toute révision exige l'approbation unanime des provinces canadiennes. Ainsi, son choix appelait plutôt l'élaboration d'une Constitution québécoise. Il ne voulait pas sombrer dans un échec rappelant celui de l'Accord du Lac Meech, rejeté en 1987. Le Parti Libéral quant à lui, ne voyait aucun inconvénient à poursuivre les vertus du dialogue, lui qui avait appelé la Commission Bouchard-Taylor à lui extirper ce boulet politique qu'étaient devenus les accommodements raisonnables. Pendant ce temps, le Parti Québécois tergiversait, ayant pris l'habitude depuis bien des années d'offrir des débats acerbes à ses membres, débats dignes de la torture idéaliste exacerbant la ferveur même des alliés naturels. Pourtant, ils auraient pu offrir une solution courageuse toute simple et prometteuse : une élection référendaire.

Comme à l'intérieur des partis politiques traditionnels, le nombrilisme du Parti Québécois s'enrichissait de l'immobilisme du Parti Libéral, Mario Dumont tira profit de la bataille des accommodements raisonnables. Les indépendantistes, désabusés, ne reconnaissaient plus, en leur parti, cette volonté de défendre l'identité québécoise. Ils allaient joindre temporairement les rangs de l'Action Démocratique du Québec. Quant aux nationalistes mous, ils allaient quitter les rangs du Parti Libéral pour joindre, à leur tour, ceux de monsieur Dumont. Il en fut ainsi de cette élection historique du 26 mars 2007. Le Parti Libéral ne comptait plus qu'une minorité d'adeptes. Les tenants de l'accommodement en prendraient pour leur rhume. Depuis 1879, aucun parti politique au Québec n'était devenu minoritaire lors d'une élection appelant un second mandat. Désormais, une page d'histoire était écrite.

CHAPITRE XI

Recommandations sous influences

Je ne saurais exprimer encore avec exactitude la pensée qui m'habite face aux questions laissées sans réponse dans les chapitres précédents. Cependant, la pensée d'un écrivain remarquable pourrait traduire à lui seul ce que beaucoup de gens ont exprimé à travers les milliers de paragraphes ayant noirci les journaux et magazines de ce pays durant ce débat. Il s'agit de monsieur Jacques Godbout pour qui je voue une très grande admiration.

Dans un article publié par *Le Devoir* à son édition du 23 septembre 2006, intitulé '*Continuons le débat, il ne fait que commencer*', ce dernier parlait de l'immigration tranquille. Il posait une question énigmatique : « *Quand cesse-t-on d'être étranger ?* » Il ajoutait, « *Une adresse civique crée-t-elle un citoyen ?* ».

Sa réflexion le poussait à se demander si « *la maîtrise de la langue commune, la connaissance de l'histoire du Québec et le respect des institutions politiques ne devraient (-ils) pas être un préalable à la citoyenneté, comme cela se pratique dans certains pays d'Europe ?* ».

Sa conclusion fut assez incisive, affirmant avec une belle lucidité (mot qui en effraie toujours plusieurs), que « *le multiculturalisme canadien, politique officielle de non-discrimination, s'est indiscutablement transformé en une rectitude perverse. Plusieurs communautés ont pris prétexte de la Charte des droits et libertés pour se replier sur elles-mêmes, se transformer en baronnie et prétendre recréer sur le sol canadien les conditions politiques, économiques et religieuses de leur pays d'origine* ».

Je voyais ce texte déferler devant mes yeux et me disais combien l'action entreprise par le conseiller Drouin soutenait parfaitement cette thèse. En poursuivant cette lecture, je fus tout à fait convaincu du bien-fondé des prétentions d'Hérouxville. Monsieur Godbout poursuivait ainsi : « *Or, le bien commun de la société québécoise est plus important que le multiculturalisme, d'autant plus que ce bien commun repose en partie, dans la sphère publique, sur une culture laïque, encore fragile, qui n'a pas à s'accommoder de la panoplie des particularismes religieux ou ethniques. L'individu peut croire à ses dieux, cela demeure du domaine privé. L'immigration est une aventure qui se joue à deux : ce n'est pas être xénophobe que d'en discuter. Nous sollicitons l'immigré, il faut accélérer son intégration* ».

Cet article répondait adéquatement aux prémices de l'intervention. Il s'agissait maintenant de trouver des réponses objectives appelant à la réconciliation des dialogues afin d'en constituer une position commune.

J'allais donc avoir l'occasion de consulter un mémoire assez édifiant touchant deux recommandations que j'ai retenues et jugées à propos.

En mars 2007, le Mouvement Laïque Québécois présentait son '*Mémoire au Comité consultatif sur l'intégration culturelle et les accommodements raisonnables en milieu scolaire*'. Soulignant que « *les accommodements pour motifs culturels et religieux sont ingérables, qu'ils sont contraires à la volonté de laïcisation des institutions publiques, qu'ils entrent trop souvent en conflit avec les valeurs fondamentales de la société québécoise inscrites dans les chartes des droits, qu'ils donnent un poids politique indu aux fondamentalistes religieux, qu'ils ont pour effet de transformer de simples libertés en droits religieux et que les personnes qui représentent l'institution devraient éviter d'afficher leurs convictions intimes (religieuses, politiques ou autres) dans l'exercice de leur fonction* », l'organisme recommandait que les codes de vie et autres règlements soient conçus de manière à ce qu'ils ne nécessitent aucun accommodement sur une base religieuse. Ce mémoire ajoutait une dernière recommandation, plus pointue et remarquablement juste par rapport à la lecture de leur document : la suppression de cette référence à la suprématie de Dieu dans le préambule de la Charte canadienne des droits et libertés. On ne pouvait mieux souhaiter dans les circonstances. Le débat d'Hérouxville avait réussi à élever les consciences au point d'en arriver à des réflexions suivies, dont les recommandations pourraient régler son problème d'identité fortement mis à l'épreuve.

Le plus étonnant est d'avoir constaté que cette recherche d'identité appartenait à tous les pays ayant accueilli des flots d'immigration importants depuis quelques années. Ces pays durent légiférer et modifier leurs constitutions ou leurs chartes pour retrouver leur équilibre identitaire. Je songe en cela à la Suisse, à la Nouvelle-Zélande, à l'Australie et au Danemark, pour n'en nommer que quelques-uns, qui n'ont pas craint d'affirmer leurs convictions en tentant de redonner à leur fierté nationale son identité d'origine. Je ne pourrais passer sous silence les revendications britanniques. L'Angleterre connaît en ce moment les pires difficultés face à la montée aux barricades de ses ressortissants fondamentalistes. L'émergence d'une nation islamique couvrant tout le territoire de l'Europe ne semble plus une utopie. Légiférer demeure une obligation pour toutes les nations subissant cette contrainte. Aux dires de certains experts, le Québec pourrait ne pas échapper à cette vague. Après tout, ne dit-on pas que nul n'est prophète dans son pays !

Le 10 avril 2007, monsieur Luc B, Tremblay, professeur de droit à l'Université de Montréal, affirmait au journal *Le Devoir* que « *le nœud du problème, c'est que ces accommodements portent atteinte aux principes d'une société libérale et démocratique, incluant la conception que nous nous faisons de ce qu'est l'égalité, la dignité humaine, la séparation de l'Église et de l'État, et l'universalité de traitement, et contredit le type de société que les Québécois tentent de créer depuis 40 ans »*.

Il ajoutait que « *c'est mettre l'accent sur l'identité sociale d'abord. L'important est maintenant de procéder à la reconnaissance de qui on est, et il en découle que nos valeurs, quelles qu'elles soient, méritent protection. Il y a un changement profond qui est en train de s'opérer* ».

Il touchait ici un point primordial : l'urgence de définir '**Qui nous sommes**'. On ne peut mieux apparenter cette affirmation au mode de vie d'Hérouxville ! Et si l'ultime recommandation n'était pas justement de lier cette affirmation à l'acte fondateur dont parlait Gérard Bouchard : commetre le pays ?

Si j'ai d'abord raconté avant toutes choses mon arrivée et mes accomplissements à Hérouxville c'est que je désirais que le citadin prenne note avant tout de ces différences qui, à tort, éloignent les régions des centres décisionnels. Il était clair pour moi que me baigner dans cette nature bienfaisante et parfois naïve que le milieu rural inspire, allait transformer ma perception de ce que la nature humaine a de plus réconfortant : sa complaisance. En y songeant bien, Hérouxville m'a accueilli dans son village avec tous les égards dignes de l'hôte qui reçoit bien cet étranger que j'étais à leurs yeux. Je me suis intégré à leur grande et saine identité. Les Hérouxvillois et Hérouxvilloises sont fiers de leur héritage et de leur histoire. Ils partagent des valeurs simples et honnêtes et leur richesse s'accompagne d'une belle tranquillité d'esprit. Ils sont fiers de leurs us et coutumes transmises par leurs ancêtres. S'il est une recommandation que je puisse faire ici, c'est de vous assurer de leur appui, vous ne pourrez jamais le regretter.

11 avril 2007

Québec, Canada
2007

Imprimé sur du papier Silva Enviro 100 % postconsommation.
traité sans chlore, accrédité Éco-Logo et fait à partir de biogaz.

certifié   procédé   100 % post-   archives   énergie
            sans   consommation   permanentes   biogaz
            chlore